내 이름은
채방은

蔡方垠

채방은 회고록

내 이름은 채방은
蔡方垠

초판 1쇄 발행 2024년 11월 10일

지은이 채방은
펴낸이 이상규
편　집 이원영 김윤정
펴낸곳 에세이문학출판부

출판등록 2006년 9월 4일 제2006-000121호
주소 03134 서울시 종로구 돈화문로 10길 9, 405호(봉익동, 온녕빌딩)
전화 02-747-3508・3509　팩스 02-3675-4528
이메일 essaypark@hanmail.net

ⓒ 2024 채방은
값 20,000원

ISBN 979-11-90629-42-3 03810

*저자와의 합의하에 인지는 생략합니다.
*잘못된 책은 바꿔드립니다.

내 이름은 채방은
蔡方垠

-격랑의 세월을 지내온 50년간의 이야기

채방은 회고록

에세이문학출판부

추천사

세상의 모든 것을 의미 있게 해주는 이야기

추호경
(수필가, 변호사)

　이 책의 저자인 채방은 변호사는 내가 검사로 재직할 때 상사였던 분이다. 같은 65학번이고 서로 친한 친구의 친구이기도 하므로 모시기에 껄끄러울 수도 있는데 의외로 편했다. 외부기관인 국회 법제사법위원회에서 저자를 전문위원으로 모시고 함께 일했던 국회 사무처 소속 입법심의관·입법조사관, 검찰청 검사, 법제처 법제관 등이 30여 년이 지난 지금도 '법사모'라는 이름으로 가끔 만나는데, 저자가 회장인 그 모임에서도 편안함은 여전하다. 다른 사람의 마음을 편안하게 해주는 저자의 특별한 장점은 아마도 자신을 앞에 내세우지 않는 그 성품에서 비롯되는 것이라고 본다.
　이렇게 겸허란 자세로만 살아온 저자가 책을 내겠다고, 그것도 《내 이름은 채방은》이라는 제호로 출판한다고 하여 나는 정말 걱정이 되었다. 이분도 결국 자신의 이름을 내세운 자서전을 쓰고, 이를 이용해 다른 뜻을 이루려고 하는구나 하고 저급한 속단을 했기 때문이다. 더구나 후배 검사였던 나에게 그 책의 '추천사'까지 부탁하니 더욱 난감했다. 그런데 저자가 일단 한번 읽어보라고 보내준 원고를 일독하곤 글 역시 그분의 인품 그대로구나 하고 주저함이 없이 바로 이 추천사를 쓰고 있다.

나는 '자서전'이라는 것을 유난히 싫어한다. 글이란 것이 진실됨이 그 생명이라 할 것인데, 자서전은 하나같이 자기 자랑과 변명 일색이어서 성형수술을 한 얼굴처럼 어색하기만 하기 때문이다. 그러나 《내 이름은 채방은》은 자서전이 아니다. 자기를 내세우는 글이 아니라 자신을 한없이 낮추면서 지내온 삶을 꾸밈없이 하나하나 풀어 가는데, 그 이야기가 하도 진솔하게 가슴에 와 닿아서 어떤 에피소드는 마치 체호프의 단편소설을 읽는 듯한 느낌이 들기도 한다(예컨대 서울지방검찰청 검사, '쌍방 수뢰 경찰관' 부분). 한편, 저자가 이 세상을 조금이라도 밝고 깨끗하게 만들어 보려고 치열하게 살아온 그 과정을 생생히 볼 수 있어 내가 부끄러워지기도 한다.

저자는 재가 불자답게 돈후한 성품에다 체구 역시 대인의 풍모다. 그래서 그런지 아무리 꼴통 같은 검사라도 저자의 휘하로 들어가면 부처님 제자처럼 순화된다는 말이 있었다. 저자가 독실한 불교 신자이니 불경에 능통한 것이야 당연하다 하겠으나 성경을 여러 번 완독하고 신·구약 영어 성경을 전부 필사까지 했다고 하니 정말 놀랄 일이다. 성경에 그렇게 열심인 것이 하도 궁금하여 그 이유를 물었더니 "불경만 봉독하다가 그냥 그쪽 말씀은 어떤가 하고 한번 읽어본 것인데 거기에도 부처님의 가르침이 있더라고요."

라고 답했다. 내가 "〈민수기(Numbers)〉 필사할 때는 짜증스럽지 않으셨나요?" 하고 묻자 "그냥 따라 쓰다 보면 무의미해 보이는 숫자에서도 뭔가 도리 같은 것이 느껴져요."라고 답했다.

바로 이것이다. 이렇게 저자는 일견 무의미해 보이는 것에서도 뭔가 깨달을 줄 알고 길을 찾는 분이다. 이 책은 저자가 지금까지 살아오면서 하찮아 보이는 세상의 모든 것에도 의미를 부여해 온 이야기다. 여기서 참된 길을 찾는 것은 독자들의 몫이라고 본다.

이 책은 검찰 퇴직 때까지의 이야기만을 담았다. 저자는 그 후에도 변호사로서 큰 사건을 여러 건 맡았으며, 삼청교육피해자 명예회복 및 보상심의위원회 위원장이라든지 사학재단 이사장 등 중요한 직책을 맡아 여러 가지 큰일을 해 왔다. 다음에는 이와 관련된 남은 이야기들로 우리의 아쉬움을 달래 주기를 기대해 본다.

추천사

내 평생의 벗 채방은

유정열
(대한민국학술원 회원)

    채방은 변호사와 나는 경기 중,고등학교, 서울대학교 기계공학과에서 10년 동안 동문수학하였다. 지금까지도 한 달에 한번 모이면서 끈끈한 우정을 이어오고 있는 기계공학과 동기동창 모임에서 자주 만나면서 평생의 인연을 맺어가고 있다. 수려한 필치로 담담하게 저자의 생애 첫 반세기의 회고담을 서술한 이 책은 독자들에게 친근하면서 잔잔한 감동을 선사할 것으로 기대된다. 나로서는 이 책을 크게 세 부로 나누어서 감상하고 싶다.

    이 책의 1부는 저자의 유년 시절로부터 사법시험 합격에 이르기까지 저자의 생애 첫 25년간 성장 과정이 서술되었다. 고달팠던 피난살이의 유년 시절 이야기와 어수선한 사회 분위기에서도 흔들림 없이 올곧게 지냈던 초등학교, 중고등학교 시절 이야기에는 강인한 생명력과 빛나는 예지력이 느껴진다. 대학 시절 맺어진 룸비니와의 숙명적인 인연, 1학년 초부터 공학에 대한 흥미를 잃고 법학에 이

끌리게 된 사연, 어머니의 병구완을 정성껏 해드리기 위하여 4학년 초에 부득이 휴학까지도 감내해야 했던 사연, 마침내 저자의 끈질긴 노력에 따른 천우신조로 제12회 사법시험에 합격하였던 사연들이 절묘하게 서로 관계를 이루며 이어져 저절로 감탄을 자아내게 한다.

2부는 저자의 사법연수원 원생 시절 2년간과 평검사 시절 12년간의 법조 경험을 여러 다양한 사건들을 예화로 들어가며 흥미진진하게 다루었다. 사법연수원에서 많은 보람 있는 경험을 하게 되었고, 특히 2개월간 검사 시보를 할 동안 검사의 역할에 큰 보람을 느껴 사법연수원을 수료할 때 주저 없이 검사를 지망하였던 저자의 모습과 검사로 봉직하는 동안, 다양한 사건들을 치열하고 끈기 있게 고뇌하면서 지혜롭고 공의로운 법 집행이 이루어지도록 지대한 노력을 기울이면서 불합리한 제도들을 개선하는 데에도 적극적으로 기여하였던 저자의 모습에 깊은 감명을 받게 된다. 미국 미시간대학교 로스쿨에서 1년간의 학업을 마치고 법학석사 학위를 취득한 후, 서울지방검찰청 형사2부와 특별수사1부의 수석검사로 봉직하는 동안, 공소시효 문제, 특수부 인지사건, 대검의 지시사건, 감사원의 이첩사건 등을 논리정연하게 처리하였으며, 사기죄에 관한 보고서 작성도 깊은 인상을 남겨준다.

3부는 대구지방검찰청 상주지청장으로서 기관장의 경력을 쌓기 시작하여 만 51세에 명예 퇴직할 때까지 13년간의 이야기이다. 이 기간에는 수사 지휘 및 행정 지원 업무를 주로 다루었다고 볼 수 있다. 상주지청장, 그리고 대검 전산관리담당관, 국회 법사위 전문위원, 서울지검 특별수사제3부장, 동 강력부장, 창원지방검찰청 진주지청장, 서울지검 남부지청 차장, 부산지검 제1차장, 서울지검 북부지청장, 서울고등검찰청 검사로 출중한 능력을 발휘하면서 근무한 후에 명예퇴직을 하였다. 여기서는 어떤 상황에서도 꿋꿋하게 신념을 지키며 공동선을 이루기 위하여 진취적으로 나아가는 저자의 호연지기가 느껴진다.

이 책은 신심이 깊은 불자인 저자가 격동의 시대를 의연하게 살아오면서 질서 있는 사회와 정의로운 검찰을 추구하는 과정에서 쌓아온 법조 경험을 회고하는 내용이 기술되어 있다. 그러나 독자들의 성장 및 직업 배경과는 관계없이 저자와 함께 사색하고 고뇌하면서 마침내 공감대를 이루도록 하는 매력이 있는, 그래서 모든 사람들에게 추천하고 싶어지는 책이다.

2024년 8월

축사

《내 이름은 채방은》 출간을 축하하며

조보연
(서울대학교 의과대학 명예교수)

부친을 일찍 여의고 편모슬하의 넉넉지 못한 환경에서도 명문 경기중·고 및 서울대 공대를 졸업하고 독학으로 사법시험에 합격하여 검사로 공직 생활, 변호사로서 사회에 봉사한 남다른 일생을 유려하고 담백한 필치로 꼼꼼하게 기술한 《내 이름은 채방은》을 출간하는 채방은 변호사에게 축하와 경의를 표한다.

사람이 한 세상 사는 중에 언제나 만나면 마음이 편안하고, 속에 있는 말을 터놓을 수 있는 벗이 있다는 것은 참으로 행복한 일이다. 채방은 변호사는 나에게 그런 벗이다. 처음 만난 것은 대학에 입학하고 얼마 안 된 1965년 4월이다. 종로3가에 있는 대각사 승방에서 토요일 오후마다 열리던 '룸비니 대학부(현 사단법인 룸비니)' 법회에서 처음 만났다. 검은 뿔테 안경을 쓴 모범생 유형의 학생이었다. 법회에 참석해서 조용히 있다가 말없이 돌아가는 과묵하고 약간 신비로운 느낌까지 드는 청년이었다.

채방은 변호사는 언제나 한결같은 사람이다. 처음 만났을 때부터 지금까지도 온몸에서 우러나는 온화함과 자비로운 아우라가 사람을 편하게 해준다. 아마 평생 닦아온 불자로서의 수행 때문이 아닐까 생각된다. 재가불자로서 신심이 돈독할 뿐만 아니라 수행이 깊어 혼탁한 세상에서도 몸가짐이 전혀 흐트러짐이 없다. 검사로서의 공직생활, 변호사로서의 사회생활 중 한 치의 흐트러짐이 없었고 언제나 바르고 정직한 삶을 산 사람이다. 진흙에 물들지 않는 연꽃 같은 사람이다. 채방은 변호사는 평소에는 과묵한데, 한번 말하기 시작하면 논리적인 언변은 듣는 이를 수긍하게 만든다. 설득력이 뛰어나고 거기에 더해 유머가 넘친다. 룸비니 대학부 시절 매주 법회 때마다 사회를 보았는데 구수한 입담과 논리 정연한 언변으로 모든 룸비니 회원을 끌고 가서 감탄을 자아내게 했다.

채방은 변호사가 《내 이름은 채방은》을 출간한다고 해서 기쁜 마음에 몇 자 적었다. 우선 제목부터 남다르고, 출생부터 지낸 나날들을 꼼꼼하게 그러면서도 담백하게 기술한 점이 눈에 띈다. 이 책을 읽다 보면 저자가 검사로서 사회 정의를 위해 옳고 그름을 따짐에 있어 저간의 상황, 특히 당사자들에 대한 연민, 자비의 마음을 갖고 있음을 느끼게 된다. 또한 어떤 사항을 판단할 때도 양극단을 피해 모두를 아우르는 중도사상(中道思想)을 따르고 있음을 알 수 있다. 이는 저자가 재가불자로서 끊임없이 수행해 온 결과로 보인다. 이 책에서 삶의 지혜를 얻을 것 같아 일독을 권한다.

머리말

 같은 법무법인에서 일하는 변호사 한 분이 나에게 책을 한 권 주면서 읽어보라고 권했다. 책의 제목은 《쇄미록》이었다. 16세기 조선의 평범한 양반 오희문이 쓴 임진왜란 전후 9년 3개월간의 일기 〈쇄미록(瑣尾錄)〉에서 발췌 번역한 책이었다. 전쟁을 겪는 동안 피난과 정착을 반복하면서 일시적으로 중단했다가 몰아서 쓴 적도 있지만 거의 매일 당시의 전황(戰況)과 서민들의 생활상, 자신과 가족 및 가문의 삶을 꼼꼼하게 기록해 놓은 일기로, 1991년 '보물'로 지정되었다는 사실도 알게 되었다. 임진왜란에 관한 기록물로는 이순신의 《난중일기》와 유성룡의 《징비록》 정도만 알고 있던 나에게는 신선한 충격이었다. 평범한 양반도 그러한 기록물을 남겨 후손들에게 가르침을 주는구나 하고 감명을 받았다. '영웅을 알고 싶다면 《난중일기》를 읽고, 인생을 알고 싶다면 《쇄미록》을 읽어라.'는 그 책의 추천사가 가슴속에 깊이 와 닿았다. 나도 나의 지나온 삶을 기록하여 후세에 남겨야 하겠다고 생각을 하게 되었다.

 해방 이듬해인 1946년에 태어나 전란과 격동의 세월을 보고 겪으면서 24살에 사법시험에 합격하였고, 1973년 27세에 검사로 임관하여 25년간 공직 생활을 한 후 퇴임하였다. 그리고 변호사 개업을 한 지 어언 26년이 흘렀다. 돌아보니 태어나서 4반세기마다 인생의 변곡점이 있었다. 그리고 이제 70대 후반에 이르렀다. 기억력을 비롯하여 모든 신체의 기능이 점점 떨어지고 있다. 주위에 있는 친구들이 하나, 둘 떠나는 속도가 빨라지고 있다. 그래서 조금이라고 정신이 더 흐트러지기 전에 내가 겪고, 듣고, 보아 온 과거를 기록하는 일을 서두르게 되었다. 출생 이야기부터 쓰기 시작하여 1년쯤 지나 검사 퇴직할 때의 이야기까지 마치게 되었다. 대부분의 내용은 머릿속에 담겨 있었지만, 잘못된 기억도 있을 수 있고 기억에서 멀어진 부분도 있어 보관하고 있는 자료와 인터넷을 이용하여 확인하느라고 시간이 걸렸다. 원래의 계획은 변호사 개업 이후 현재까지의 이야기도 모두 포괄하려고 하였지만, 하다 보니 너무 힘이 들었다. 모든 것을 하려고 하다가 하나도 하지 못하면 어떻게 하나? 하는 걱정도 들었다. 검사를 퇴직할 때에서 끝내기로 하였다.

우리가 지나온 사회의 모습과 그 이면(裏面)을 내가 한 일과 보고 들은 일을 통하여 가감 없이 보여주고 싶었다. 내가 할 일은 역시를 기록하는 것이 아니라 그 자료를 제공하는 것이다. 내가 한 일도 잘한 일은 잘한 대로, 잘못한 일은 잘못한 대로 기록하려고 했다. 내가 한 일 중에는 비난받을 일도 있고 요즈음의 잣대로 보면 법의 처벌을 받아야 할 일도 있었지만, 사실에서 벗어나지 않도록 최대한의 노력을 기울였다. 그러나 같은 일을 하고, 같은 것을 보고 들었더라도 사람에 따라 다르게 기억하는 경우도 있는 것이 사실이다. 그것은 어쩔 수 없다. 또 기억에 남아 있고 많은 사람들에게 알리고 싶은 일이라고 하여 모두 기록할 수는 없다. 무덤까지 지고 가야 하는 일들도 있다. 민주시민은 하고 싶은 말을 마음대로 할 자유가 있지만, 하고 싶은 말이라도 마음대로 하지 못할 의무도 있다.

끝내고 보니 대학 시절과 법제사법위원회 전문위원 시절의 분량이 제일 많게 되었다. 그 두 시절은 내가 가장 힘들고 고단했던 시기라는 공통점이 있다. 사람들은 힘들었던 시절이 가장 기억에 남고 그리워지며 아름답게 느껴지는가 보다. 특히 법사위 전문위원 시절에는 하는 일 자체는 보람이 있고 즐거웠지만, 그 과정 과정마다 화가 나거나 미움이 솟구치거나 심지어 분노가 끓어오르는 일도 자주 있었다. 그렇지만 지금은 그 불편했던 감정은 모두 사라지고 아름다운 추억으로 승화되어 있다. 사람이 살다 보면 마음에 안 드는 사람도 만나게 되고, 싫거나 미운 사람과도 함께 일하게 된다. 그러나 누구에게도 그런 감정을 말로 한 적이 없다. 참고 견디다 보면 언젠가는 그 사람의 보이지 않던 장점도 보이게 되고 좋은 관계로 발전하는 수도 있다. 그러나 일단 말을 뱉어 놓으면 되돌릴 수 없다. 업(業) 중에서도 구업(口業)이 가장 무섭다. 이 책을 읽는 독자들 중 가장 힘들고 고달픈 시절을 보내고 있다고 생각되는 분이 있으면 "나는 지금 가장 그리워할 추억거리를 쌓아가고 있다"고 생각하면서 견디어 내기를 바란다.

이 책이 세상에 나오기까지 많은 분의 도움이 있었다. 거의 50년이 되어 가는 긴긴 세월 묵묵히 나의 곁을 지켜 준 아내를 첫손가락에 꼽을 수밖에 없다. 원고 하나하나를 세밀히 검토하고 꼭 필요한 조언을 해 주었다. 그리고 나의 아들, 딸, 며느리, 사위 등 가족들이 힘을 보탰다. Peace Of Mind의 김종헌 대표, 외사촌 동생 이정원의 도움도 컸다. 나의 사법시험 합격을 안내해 준 정진규 변호사, 국회 법제사법위원회에서 같이 일했던 법사모 회원들 모두 많은 조언을 해 주었다. 원고를 모두 읽고 과분한 축사와 추천사를 써 주신 유정열 박사, 조보연 박사, 추호경 변호사(박사이기도 하다)에게 감사드린다. 모두 나와 같은 65학번 친구들이지만 전공은 모두 다르고 서로 알지도 못한다. 이 책을 이렇게 멋지게 출판하여 준 (사)한국수필문학진흥회 이상규 회장을 비롯한 이원영 주간, 김윤정 편집장, 김미환 과장에게도 감사를 표한다. 이 책의 표지 인물 그림은 나의 친구 송명섭 선생의 따님 송지현 화백이 오래전 정성스럽게 그려주었던 것을 활용한 것이다.

2024년 가을

채방은

| 차 례 |

추천사 세상의 모든 것을 의미 있게
　　　　해주는 이야기　추호경 … 4
추천사 내 평생의 벗 채방은　유정열 … 7
축　사 《내 이름은 채방은》 출간을 축하하며　조보연 … 10
머리말 채방은 … 12

1부 삼청동에서 꿍릉동까지

내 이름, 채방은
- 내 이름 … 24
- 별명 채방근 … 25
- 부(父) 채중이 … 27
- 모(母) 이성봉 … 29
- 채분은 여사 … 30

유년 시절
- 삼청동 … 32
- 피난 … 34
- 거적에 말아서 삼청공원에 … 35
- 삼청동에서 돈암동까지 … 36

초등학교 시절
- 청운초등학교 … 40

- 문성초등학교 … 41
- 돈암초등학교 … 44
- 치맛바람 … 45
- 중학교 선택 … 48
- 내가 겪은 가장 추운 날 … 51
- 무아(無我)의 체험 … 52

중고등학교 시절
- 부족함이 없는 학교 … 54
- 고교입시제도 변경 … 56
- 이과(理科)반 선택 … 58
- 친구 집안의 가문(家門) 설계 … 59
- 기계공학과 지원 … 61

대학 시절과 룸비니,
그리고 사법시험 합격
- 룸비니와의 인연 … 63
- 1학년 … 66
- 2학년 … 69
- 3학년 … 70
- 최초의 하계 수행대회 … 72
- 휴학 … 73
- 2차 하계 수행대회 … 75

- 복학, 3학년 2학기 … 76
- 4학년 … 79
- 룸비니 창립 10주년 행사 … 80
- 재수강 일화(逸話) … 81
- 제11회 사법시험 1차 합격 … 82
- 제12회 사법시험 합격 … 83
- 룸비니 회관 법경(法京) 건립 … 85
- 룸비니 여담(餘談) … 87

2부 서소문에서 앤아버까지

사법연수원 시절
- 사법연수원 입교(入校) … 94
- 검사 시보(검사 직무대리) … 96
- 말 잘하는 사람이 사기꾼이야 … 98
- 판사 시보 … 99
- 변호사 시보 … 100
- 연수원 수료 … 102

서울지방검찰청 검사
- 6개월 기다린 임관 … 104
- 사형집행 지휘 … 106
- 한국기원 사무국 수사 … 111

- 쌍방 수뢰 경찰관 … 112
- 교통사고 허위 상해진단서 … 113
- 초등학교 선생님 … 114
- 고등학교 선생님들 … 115
- 검사는 보아주는 사람이 있어야 … 117

춘천지방검찰청 원주지청 검사
- 경찰서 유치장 감찰 … 118
- 탄광사고 … 121
- 벌금 예납 방식의 문제점 시정 … 123
- 허위 연령 정정(訂正) … 126
- 결혼, 어머니의 전성시대 … 127

서울지방검찰청 성북지청 검사
- 기적의 교통사고와 수사의 성공 … 129
- 협박 전화 … 132
- YH무역 근로자 신민당사 점거 농성 … 135
- 변경된 인사이동 … 136
- 영초 언니 … 138

대구지방검찰청 검사
- 검사장의 배려 … 141

- 무서운 간부들 … 143
- 무면허 침구사 구속 여파 … 145
- 고검장의 저술(著述) … 149
- 미국 유학 후 복귀 … 150

미국 미시간대학교 로스쿨
- 혼자 간 미국 … 152
- 일본 검사 2명 … 154
- 컴퓨터 게임장의 준법정신 … 155
- 아르바이트생의 재량권 … 156
- 박명광 교수와 전춘택 박사 … 157
- 미국의 위기 대처 시스템 … 159
- 졸업과 귀국 … 161

서울지방검찰청 검사 Ⅱ
- 재기수사명령사건 공소시효 완성 … 163
- 이종대, 문도석 연쇄 총기살인 사건 … 167
- 특수부 수사의 특성 … 169
- 부장검사를 운전기사로 … 170

3부 상주에서 서초동까지

대구지방검찰청 상주지청장
- 인생 최초의 기관장 … 174
- 벼락출세한 스페어 운전기사 … 174

- 떠나간 군수 ⋯ 176
- 경상북도 국궁협회장 ⋯ 178
- 무면허 침구사(편도선염) ⋯ 181
- 천재 검사장 ⋯ 182
- 검찰일지 ⋯ 183
- 우려가 현실로 ⋯ 185

대검찰청 전산관리담당관
- 담당관의 직무 ⋯ 187
- 직원들의 사기 진작 ⋯ 189
- 보람을 느낀 인사(人事) ⋯ 190

국회 법제사법위원회 전문위원
- 상원 격(上院 格) 법제사법위원회 ⋯ 192
- 법률개폐특위 위원들 ⋯ 196
- 두 변호사의 소송 이야기 ⋯ 199
- 날치기 통과 대비 ⋯ 202
- 부활된 국정감사 ⋯ 204
- 100일간 7kg 체중 감소 ⋯ 207
- 위원장 두 분 ⋯ 208
- 검찰 복귀와 법사모 ⋯ 208

서울지방검찰청 부장검사
- 문서위조 수사 ⋯ 211
- 강력부의 업무 특성 ⋯ 213

- 슬롯머신 사건 수사 ··· 215
- 살인죄로 구속된 경찰관 ··· 215
- 시한부 종말론 수사 ··· 219
- 6개월 만의 전보(轉補) ··· 221

창원지방검찰청 진주지청장
- 진주로 가는 길 ··· 222
- 의문의 사천(泗川) 출신 사업가 ··· 225
- 진주에서의 즐거운 생활 ··· 226

차장검사
- 차장검사의 역할 ··· 228
- 서운한 인사 ··· 229
- 회복된 인사 ··· 231

서울지검 북부지청장에서 퇴직까지
- 15년 만에 지청장으로 ··· 232
- 총장의 친구라고? ··· 233
- 북부지청장 유임 ··· 235
- 명예퇴직 ··· 236
- 총장 복무 방침 ··· 238

1부
삼청동에서 공릉동까지

• • • • •

내 이름, 채방은
유년 시절
초등학교 시절
중고등학교 시절
대학 시절과 룸비니, 그리고 사법시험 합격

내 이름, 채방은

• 내 이름

내 이름 채방은, 한자로는 蔡方垠이다. "방은"이라는 이름은 한글로나 한자로나 그 자체로는 아무 뜻도 없다. 항렬자를 따른 것도 아니다. 나는 평강(平康) 채씨의 시조로 삼고 있는 고려 고종 때 인물 경평공(景平公) 송년(松年)의 23대손(시조를 1세로 하면 24세)으로 규(奎) 자 항렬이다.

내 나이 세 살 때 돌아가신 아버지로부터 내 이름의 의미에 대한 설명을 들을 수는 없었고, 어머니로부터 들은 이야기로는, 빼앗겼던 나라를 되찾았다는 기쁨에 들떠 있던 해방 이듬해에 나를 낳게 되자 조선의 마지막 황태자 이은(李垠)에서 '은(垠)'을 따오고 황태자비 이방자(李方子)에서 '방(方)'을 따와서 내 이름을 방은(方垠)이라고 지었다고 한다. 아무 뜻도 없이 단순히 해방의 기쁨을 표시한 것이다.

조선시대에는 피휘(避諱) 또는 기휘(忌諱)라고 하여 백성들의 이름에 임금의 이름(諱)과 같은 글자를 쓰지 못하도록 하였기 때문에, 왕자의 이름을 지을 때에 일반 백성들이 실수하지 않도록 서민들이 잘 알지 못하는 희귀한 한자(僻字)로 하였고, 이에 따라 마지막 황태자 영친왕의 이름이 일반에게는 익숙하지 않은 垠(은)이 되었던 것이다.

• 별명 채방근

'垠'이라는 한자는 중고등학교에 다닐 때까지만 해도 아는 사람이 거의 없었다. 한자를 제법 안다고 하는 어른들도 모두 '근'이라고 읽었고 중학교 때 한문 선생님조차 첫 시간에 출석을 부르시다가 내 이름을 부를 차례가 되었을 때 "채~방~"까지 하신 다음에 한동안 뜸을 들이시다가 "근"이라고 하신 것을 친구들이 아직까지도 기억하고 있다. 그럴 때면 나는 열심히 "채방은입니다"라고 정정을 하곤 하였지만 얼마 지나지 않아 그것도 귀찮아 그냥 "네" 하고 지나가게 되었다. 그래서 학창 시절에 '채방근'은 나의 별명의 하나였다. 한자로 무슨 '은' 자냐고 누가 물을 때 "언덕 은"이라고 대답하면 그 글자를 쓸 줄 아는 사람은 없었다. 초등학교 졸업식 날 받은 우등상장에는 한자로 '蔡方坤'이라고 적혀 있었다. 한글로 읽으면 '채방곤'인데 한글은 적혀 있지 않았다. 어떻게 해서 '채방근'도 아니고 '채방곤'이라고 적었는지 알 수 없었지만 담임 선생님에게 이름을 고쳐 달라고 하였더니, 선생님은 학교의 필경사에게 고쳐 쓰게 해 주겠다고 하시면서 그 상장을 가지고 가셨다.

그 후 나는 이미 졸업한 학교에 고친 상장을 받기 위하여 몇 번 찾아갔으나 끝까지 받지 못하여 포기해 버렸다. 차라리 이름이 잘못 기재된 상장이라도 그냥 가지고 있었으면 추억거리가 되지 않았을까 하는 생각도 든다. 지폐나 우표도 잘못 인쇄된 것이 더욱 높은 가격에 팔린다고 하지 않던가? 사법시험에 합격했을 때 도하 각 신문에 실린 합격자 명단에 '蔡方根'이라고 실린 것이 몇 군데 있었던 것은 당연한 일이었으나, 어떤 신문에는 성(姓)까지 바꾸어 '察方根'이라고 실렸다. 그래서 검사 시절 한동안 선배, 동료들로부터 '찰방근'이라는 별명으로 불렸다. 지금도 채방근(蔡方根)으로 과거의 신문기사 검색을 하여 보면 여러 건이 나온다. 채방은(蔡方垠)과는 별도의 사람으로 세상에 존재하고 있는 것이다.

내 이름은 한자만 어려운 것이 아니라 말로 할 때에도 한 번에 알아듣는 사람이 별로 없다. 그래서 사회생활을 하는데 가끔 불편을 겪는다. 예약하기 위하여 전화를 걸고 예약자의 이름을 말할 때 "채·방·은"이라고 한 자 한 자씩 떼어서 또박또박 말한 다음, 상대방이 물어보지 않는데도 "채소라고 할 때의 채입니다"라는 말을 꼭 덧붙인다. 그 말을 안 하면 '최'라고 적어 놓을 것이 분명하기 때문이다. 그러면 전화 저쪽에서는 "아~, 예, '초이' 최 씨가 아니고 '차이' 채 씨라는 말씀이시지요?"라고 알아들었다는 표시를 한다. 거기까지는 좋다. 그러나 곧이서 "'채 반흔' 씨라고요?" 하고 묻는다. "'반흔'이 아니고 '방은'입니다"라고 말하면서 "'안방, 건넌방'의 '방'이고, '금, 은'의 '은'입니다"라고 말한다.

전에는 그렇게 열심히 상대가 잘못 알아들은 것을 정정해 주었지만, 이제는 성(姓)만 제대로 알아들은 것 같으면 이름은 잘못 알아들었더라도 그냥 넘어간다. 어차피 그런 이름으로 예약된 사람은 나밖에 없을 테니까 말이다. 어쨌건 거의 전(全) 생애를 서울에서 살아왔고 또 누구보다도 표준어와 명확한 발음에 자신을 가지고 있다고 자부하는 나로서는 적잖이 자존심이 상하는 일이다.

• 부(父) 채중이

아버지의 호적상 이름은 채중이(蔡仲伊)이다. 아주 특이한 이름이다. 무엇을 의미하는지도 알 수가 없다. 집안에서는 공열(孔怨)로 불렸다고 한다. 어머니의 말씀으로는 일제강점기에 일본 와세다(早稻田)대학을 졸업하셨다고 하는데 근거 자료는 남아 있지 않다. 세 살 때 아버지가 돌아가신 후 어머니는 나를 데리고 바로 친정으로 들어오셨기 때문에, 아버지의 유품은 어머니가 친정으로 올 때 가지고 오신 것으로 보이는 사진 몇 장과 아버지의 습작소설 원고 1권뿐이다.

아버지가 어떻게 살아오셨는지 궁금해하다가 과거 신문기사에서 채중이(蔡仲伊)를 찾아보았더니 예상외로 아버지의 이름이 실린 몇 편의 기사를 찾을 수 있었다. 1930년 3월 6일자 〈동아일보〉에 실린 중동학교(中東學校)의 우등졸업생 명단에 아버지의 이름이 맨 앞에 있었고, 이어 4월 5일 및 6일자 〈조선일보〉, 〈동아일보〉에 실린 연희전문학교 합격자 명단에 문과본과(文科本科)에 합격한 것으로 올라와 있었으며, 1931년 3월 1일 자 조선일보에서는 연전학생회(延專學生會)의 수업료 감하(減下) 운동에 주도적으로 참여하였다는 기사를 발견하였다.

이를 근거로 연세대학교에서 아버지의 연희전문학교 학적부 사본을 발급받아 보니, 아버지는 중앙고등보통학교에 입학하였다가 중동학교로 편입하여 졸업한 후, 연희전문학교 문과 본과에 무시험 합격하여 재학 중 2학년을 마친 시점에 학칙에 의하여 제적(除籍)된 것으로 기록되어 있었다. 연희전문학교에 입학할 때의 보증인은 아버지의 아버지인 채명식(蔡明植), 숙부인 채만식(蔡萬植) 두 분으로 되어 있었다. 나에게는 종조부(從祖父, 작은할아버지)가 되는 채만식 선생은 중앙고등보통학교를 졸업하고 일본에 유학하여 와세다대학 영문과를 중퇴한 후, 그 무렵 조선일보 기자로 계셨고 탁류(濁流) 등 수많은 유명한 작품을 남긴 소설가이다.

아버지가 연희전문학교에 무시험 합격한 것은 중동학교를 수석 졸업했기 때문으로 생각되고, 2학년 때 제적된 것은 수업료 인하 투쟁을 주도하였다는 이유가 아니었을까 추측된다. 연희전문에서 제적된 후 일본 와세다대학에 유학하였다는 서류상 근거는 찾지 못하였으나 어머니를 비롯한 집안 어른들이 모두 그렇게 알고 계셨으므로, 숙부인 채만식 선생이 간 길을 따라 최소한 와세다대학에 입학하여 다닌 것만은 사실일 것으로 생각된다.

• 모(母) 이성봉

어머니 이성봉(李聖奉)은 독립운동가인 이교담(李交淡) 선생과 곽도라 여사의 4녀 1남 중 3녀이다. 나에게는 외할아버지인 이교담 선생은 일찍이 미국으로 건너가 하와이와 샌프란시스코 등지에서 신민회, 공립협회를 중심으로 독립운동 하다가, 공립협회에서 국내로 파견되어 대한매일신보에 입사하여 활동하였다. 인터넷에서 검색하면 활동한 자료를 많이 찾을 수 있다. 이재명 의사(義士)가 명동성당 앞에서 매국노 이완용을 저격한 사건에 연루되어 고초를 겪었는데, 거사를 앞두고 이재명 의사를 집에서 재워 주었고, 이재명을 비롯한 4인의 의인(義人)이 함께 촬영한 사진에 외할아버지가 나와 있다. 1936년에 돌아가셨고 1999년 건국훈장 애국장을 추서 받았다.

어머니는 배화여자고등보통학교를 졸업하였다. 아버지(나에게 외할아버지)의 친구가 당시 그 학교의 교장으로 있었는데 그 학교로 오라고 하여 입학하였다고 한다. 졸업 후 교직을 이수하여 교사자격증을 받아 심상소학교 교사를 하였다고 한다. 심상소학교 시절의 여성 제자 10여 명이 이따금 어머니를 찾아오다가, 내가 결혼하여 집을 마련한 이후에는

매년 스승의 날이나 어머니 생신날 점심때 함께 모여서 집으로 인사를 왔다. 아내는 아이들을 데리고 그 손님들 대접하느라고 진땀을 흘렸다. 보스톤 마라톤대회 우승자인 서윤복 선수도 제자라고 하였다. 어머니는 독립운동가의 딸이라는 자부심에다가 당시로서는 고등교육을 받았고 한문도 익혔으며 선생님을 지낸 경력 때문인지 자존심이 아주 강했다. 그러나 현실은 자존심을 뒷받침해 주지 못해 힘든 세월을 보냈다.

・채분은 여사

어머니와 나의 이름에 관련된 에피소드 한 가지. 내가 서울지방검찰청 초임 검사로 있을 때 어머니의 제자 한 분이 서울시청의 과장으로 재직하고 있었다. 당시 중앙부처의 여성 과장은 모두 합해도 몇 사람 안 되던 시절이었다. 5월 가정의 달을 맞아 그 제자가 유명한 여성잡지(《여원》이나 《주부생활》이었을 것으로 생각된다)에 추천하여 기자가 어머니를 덕수궁에서 만나 인터뷰하였다. 1974년이나 1975년이었을 것이다.

그런데 잡지에 실린 그 기사의 제목이 큰 글씨로 〈서울지방검찰청 李聖奉 검사, 어머니 蔡分垠 여사〉라고 되어 있었다. 어머니와 나의 이름을 바꿔서 썼다. 아마 기자가 내 이름은 여자 이름 비슷하고, 어머니 이름은 남자 이름 비슷하여 당사자에게 물어보지도 않고 마음대로 바꾸어 쓴 것 같았다. 거기다가 나의 이름 중 '方(방)'을 '分(분)'으로 터무니없이 틀리게 써 놓았다. 어머니가 전화로 담당 기자에게 항의하였더니, 윗분이 알게 되면 자기 목이 당장 날아가니 제발 살려달라고 애걸복걸한다고 해서 할 수 없이 그대로 지나갔다. 그 잡지를 바로 버렸는데 그대로 보관하고 있었으면 좋았겠다는 생각도 든다. 그런데 그 기사를 읽어보았다는 사람은 한 사람도 없었다. 만일 나를 아는 사람이 읽어보았다면 나에게 '채분은 여사'라는 별명이 하나 더 추가되었을 것이다.

유년 시절

• 삼청동

6·25전쟁 이전은 전혀 기억에 없다. 전쟁 때 서울 삼청동 외갓집에 살고 있었다. 지금의 국무총리 공관(당시는 국무총리 공관이 아니었다) 정문에서 오른쪽 길로 삼청공원을 향하여 올라가다가 삼거리가 나오면 왼쪽 좁은 길로 들어서서 조금 올라가 길가 왼편에 있는 자그마한 한옥 기와집이었다. 동네에서 작은 집인 편이었지만 동네 친구들은 큰 집, 작은 집 가리지 않고 모두 친하게 잘 놀았다. 대부분이 기와집이었지만 초가집도 1, 2채 있었고, 항상 문을 걸어 잠그고 있어 일반인이 근접하기 어려운 대저택도 3채가 있었다. 그중에서도 가장 큰 저택은 전쟁 기간 중 잠시 국무총리를 지낸 장택상의 형 장길상이 살던 집이라고 하였다. 내가 살던 집의 바로 윗집이었다. 초등학교에 입학하기 전 어느 날, 그 집이 동네 사람들에게 하루 동안 개방되어 어머니를 따라 들어가 한번 구경

한 일이 있는데, 어린아이인 내 눈에는 대궐을 빼고는 그렇게 큰 집은 없을 것 같았다.

계속 올라가면 왼편에 말일성도 예수그리스도교회가 나오고 바로 그 위에 칠보사라는 절이 있었다. 크리스마스 선물을 받으려고 1년에 한 번은 교회에 갔다. 칠보사는 지금도 있다. 외할머니(곽도라), 어머니, 외숙모(민순기), 외사촌 동생(이정원)과 함께 살았다. 외삼촌(이승태)이 함께 사시다가 전쟁 때 납북되셨다고 하는데 외삼촌과 함께 산 기억은 나지 않는다. 외삼촌은 동국대학 사학과를 졸업한 바이올리니스트로 서울시립 교향악단(그렇게 들었던 것으로 기억하나 확실한 것은 아니다)의 단원이었고 검도 3단이었다고 어머니가 자주 이야기하셨다. 검도복을 입고 칼을 높이 든 잘생긴 모습의 사진을 집에서 본 기억이 있다.

부모님은 결혼 후 어머니 친정에 가까운 누상동에서 살았는데, 내가 태어나고 얼마 지나서 아버지가 폐결핵으로 병석에 눕게 되자, 부모님은 나를 데리고 아버지의 고향인 전북 옥구군 임피면으로 내려가 요양하다가, 아버지는 병에서 회복되지 못하고 6·25 한 해 전인 내가 3살 때 돌아가셨다고 한다. 친할아버지, 할머니도 이미 돌아가신 후이다. 농촌에서 어린 아들 하나 데리고 의지할 사람 하나 없던 어머니는, 그곳 생활에 도저히 적응할 수 없어서 나를 둘러업고 서울 외갓집으로 올라오셨다고 한다. 그리고 얼마 후 6·25전쟁이 발발하였다. 공습경보가 울리면 동네 사람들이 전부 집에서 뛰쳐나와 동네 방공호에 함께 대피해 있다가 해제가 되면 집으로 돌아갔다. 밤이 되면 집안의 모든 창문에 검은색 커튼을

쳐서 불빛이 밖으로 일절 새어 나가지 못하도록 하였다. 그런 장면들이 내 인생 최초의 기억이다.

• 피난

그렇게 지내다가 한겨울에 가족이 함께 보따리를 싸 들고 남쪽으로 피난을 갔다. 시기적으로 보아 1951년 1·4 후퇴 때일 것이다. 외삼촌은 그때 안 계셨으니까 아마 그 전해 9·28 서울 수복 무렵 퇴각하는 북한군에 의해 끌려가셨지 않았나 추측된다. 북한에는 바이올리니스트가 귀해서 외삼촌 같은 분이 필요했을 것이다. 그 후 외삼촌이 어떻게 되었는지는 전혀 알지 못한다. 북한군에게 끌려가다가 미아리 고개 넘어갈 때 총살당하는 것을 보았다는 사람도 있고 도망치는 것을 보았다는 사람도 있다고 한다. 어쩌면 도망치다가 붙잡혀 사살 당했는지도 모른다.

외할머니, 어머니, 외숙모, 두 살짜리 외사촌 동생과 함께 걸어서 남쪽으로 피난하였는데 외사촌 동생은 어머니와 외숙모가 번갈아 업고 갔고 나는 줄곧 어른들을 따라 걸어서 갔다. 괴나리봇짐을 이고 진 피난민들이 길에 가득 찼고 간혹 적기의 폭격이 있으면 모든 피난민이 흩어져 피해 있다가 폭격기가 멀어지면 다시 행렬을 이루었다. 한번은 내가 걸어가다가 어른들과 떨어져 길을 잃었다. 한참을 헤매다가 나를 찾아 헤매는 어머니를 다시 만났다. 어머니는 그 후 가끔 내가 그때 너를 버리려고 하였던 것이 아니라는 말씀을 하셨다. 나도 알고 있다. 내가 어머니의 손을 놓고 혼자 앞서가다가 많은 인파 속에서 길을 잃은 것이다. 그러다가 우리 일행이 실제로 서로 헤어지게 되었다. 어디에서인지는 모르지만 외할머니와 어머니와 나만 함께 있고 외숙모와 외사촌을 놓쳐버린 것이다. 그렇게 헤어져서 다녔다.

낮이면 폭격을 피하여 숨어서 걸어가고 밤이 되면 인근 민가에 들어가 하룻밤 재워달라고 사정하여, 많은 피난민과 함께 좁은 방에서 10명 넘는 사람들이 옹크리고 잠을 잤다. 어느 집이고 간에 하룻밤 재워달라고 하면 빈 공간만 있으면 받아주고 재워주었다. 일부 피난민들이 가지고 있는 돈이나 패물 같은 것을 제공하기는 하였지만 참 고마운 사람들이었다. 그러나 아무래도 먹을 것은 제대로 먹지 못했다. 배가 항상 고팠고 몸은 한없이 말라갔다. 어디까지 내려갔는지는 모르나 지금 기억나는 지명은 평택, 발안이다. 그러다가 어느 날 서울이 다시 수복되었다는 소식을 듣고 방향을 돌려 서울로 올라가기 시작했다. 국군과 유엔 연합군이 중공군을 몰아내고 다시 서울을 수복한 것이다. 외할머니, 어머니와 함께 삼청동 집으로 돌아왔다. 나무 대문이 뜯겨 나가고 없었다. 집안은 엉망이 되어 있었다. 중공군이 집에 숙박하면서 대문을 뜯어 땔감으로 사용한 것 같았다.

• 거적에 말아서 삼청공원에

나는 영양실조로 비쩍 말라 있었다. 나를 본 동네 사람들이 외할머니와 어머니에게 "동생이냐?"고 물었다고 한다. 외사촌 동생으로 본 것이다. 내가 두 살짜리로 보일 만큼 마르고 작아졌다는 이야기다. 병원에서나 동네 사람들이나 얼마 살지 못할 것이라고들 하였다고 한다. 외할머니와 어머니는 내가 죽으면 거적에 말아서 삼청공원에 묻자고 하였다고 한다. 거적도 준비해 두었다고 했다. 어느 날 외할머니와 어머니가 나에게 무엇이 제일 먹고 싶으냐고 물었다. 아마 죽기 전에 소원을 들어주자고 하였던 것 같다. 나는 고기가 먹고 싶다고 하였다. 그날 저녁 돼지고기를 삶아 주셨고 나는 실컷 먹었다. 그리고 밤에 남은 고기를 접시에 담아 머리맡에 놓아 주셨다. 나는 자다가 몇 번 깨어 일어나서 그 고기를 마저 다 먹었다. 일생 가장 맛있게 먹은 고기였다. 외할머니와 어머니가 거적을 준비하고 계신 것도 모르고….

외할머니는 근처 삼청공원 입구에 자리 잡은 미군 부대를 찾아가 부대 앞에서 만나는 미군들에게 손짓 발짓으로 사정을 하여 레이션 박스(ration box)를 얻어오곤 하셨다. 세상에 맛있는 것은 거기에 다 들어 있었다. 나는 점점 회복되었다. 거적에 쌓여 삼청공원에 묻힐 일이 없게 되었다. 외숙모와 외사촌 동생도 집으로 돌아와 다시 함께 살게 되었다. 어머니는 집안일을 하시고 외숙모는 교사로 근무하던 청운초등학교에 다시 나가기 시작하였다.

• 삼청동에서 돈암동까지

어머니는 가끔 돈암동에 사는 이모님 댁에 다녀오셨다. 혼자 갔다 오시기도 하고 나를 데리고 갔다 오시기도 했다. 중앙청까지 걸어가서 버스를 타고 가거나, 버스에 사람이 많으면 원남동까지 걸어가서 전차를 타고 가기도 했다. 무척 오래 걸리는 길이었고 버스나 전차로 돈암동 정류장에 내리고부터는 꼬불꼬불 걸어가야 했는데, 당시 손목시계가 없어서 시간이 얼마나 걸리는지도 모르고 다녔다. 어느 무더운 여름날이었다. 피난 갔던 온 식구가 다시 모인 지 얼마 지나서 않아서다. 5살 때다. 어머니가 아침에 이모님 집에 갔다 오겠다고 하고 나가신 후 오랜 시간이 지나도 돌아오지 않으셨다. 나는 골목길 아래 삼거리에 있는 구멍가게 앞 공터에 홀로 앉아 하염없이 어머니를 기다렸다.

하도 오시지 않으니까 문득 내가 직접 돈암동의 이모님 댁에 가야겠다고 생각했다. 혼자서 찾아갈 자신이 있었다. 바로 출발했다. 개천(당시에는 삼청공원에서 시작한 개울이 삼청동, 팔판동, 중앙청 옆을 지나 청계천까지 이어지고 있었다. 후에 전부 복개되어 현재는 개울의 흔적을 찾을 수 없다)을 따라서 팔판동을 지나 경복궁 담을 오른쪽으로 보면서 중앙청 모퉁이 사거리에서 왼쪽으로 돌아 안국동을 거쳐 창덕궁 앞을 지나가고 있었다. 그때 큰길 한가운데에서 교통정리를 하고 있던 경찰관 아저씨가 멀리서 나를 보고 손짓하며 서 있으라고 하였다. 뛰어와서는 나에게 어디 가느냐고 물었다. 어머니가 돈암동 이모 집에 가서 안 오시기에 이모 집을 찾아간다고 하였다. 어디에서 누구와 사느냐고 묻기에 대답 하였고 이모 집 가는 길을 아느냐고 묻기에 몇 번 가보아서 안다고 하였다. 그러면서 이러저러하게 가면 된다고 설명하였다. 그러자 나에게 조심해서 잘 가라고 하면서 보내주었다. 지금 와서 생각하면 참으로 고마운 경찰관 아저씨였다. 어린아이가 혼자 걸어가고 있는 것을 보고 불안하여 뛰어와서 확인하고 보내준 진정한 '민중의 지팡이'였다. 물론 그 당시에는 '민중의 지팡이'라는 말은 알지 못했다.

경찰관 아저씨와 헤어지고 나서 계속 걸어 원남동까지 와서 왼쪽으로 꺾어져 창경원 앞을 지나 명륜동을 거쳐 혜화동 로타리에 왔을 때 또다시 다른 경찰관 아저씨가 불렀다. 앞에서와 같은 절차를 거쳐 다시 나를 보내주었다. 삼선교를 지나 돈암동에 이르러 돈암시장을 바라보며 오른쪽으로 꺾어서 가다가 큰길, 작은길을 몇 번 지나 경동중학교 아래에 있는 이모님 댁으로 들어갔다. 대문을 열고 중문을 거쳐 집안으로 들어서니 어머니가 이모님과 함께 마루에서 이야기를 하고 계셨다. 그 당시에는 서울에서도 아주 큰 부잣집을 제외하고는 대부분의 집이 대문을 걸어두지 않고 살았다. 그래서 지나가는 걸인이 집 안으로 들어와 댓돌에 놓여 있는 고무신을 훔쳐 가는 일이 흔했다.

두 분 모두 깜짝 놀라 어떻게 여기를 혼자서 찾아왔느냐는 감탄과 함께 야단을 치셨다. 물론 진정한 야단은 아니다. 어머니와 함께 이모 댁을 나와 이번에는 돈암동에서 전차를 타고 원남동에서 내려 삼청동 집까지 걸어서 왔다. 집으로 들어가니 외할머니와 외숙모가 어머니 없는 새에 나를 잃어버렸다고 초주검이 되어 계셨다.

이듬해 1952년 4월, 같은 동네에 사는 동갑내기 친구들 몇 명이 근처에 있는 삼청초등학교에 입학했다. 그때는 4월 1일에 새 학기가 시작되었기 때문에 같은 나이의 아이들 중에서 3월 31일 이전에 출생한 아이들만 입학할 수 있어 나는 입학하지 못하는 것이 당연하였으나, 당시는 생일이 늦더라도 부모가 동사무소에 가서 입학하겠다고 신청만 하면 받아주던 시절이었으므로, 나는 동갑인 친구들과 함께 학교에 입학하지 못한 것이 못내 서운해서 울며불며 소란을 피웠다. 그러자 외할머니와 어머니는 내가 작년에 마음대로 집을 나가 이모 집에 갔다 온 일이 있기 때문에 그 벌로 입학을 할 수 없는 것이라고 했다. 어린 나는 그런가 보다 했다.

다음 해인 1953년 4월 1일 드디어 입학을 했다. 그런데 집 근처에 있는 삼청초등학교가 아니라 대통령 관저인 경무대 건너편에 있는 청운초등학교였다. 청운초등학교 선생님으로 계신 외숙모가 나를 그 학교로 입학시킨 것이다. 청운초등학교는 오래된 전통 있는 학교이고 삼청초등학교는 해방 후 새로 생긴 학교였기 때문에, 동네에서도 삼청초등학교 보다는 청운초등학교를 더 선호했고 나는 기뻤다.

초등학교 시절

• 청운초등학교

초등학교 입학식은 근처에 있는 진명여고(당시에는 종로구 효자동에 있었다) 운동장에서 열렸다. 당시 운동장이 아주 혼잡했던 기억으로 미루어 여러 학교가 합동으로 입학식을 치르지 않았나 생각된다. 청운초등학교는 전쟁으로 인하여 본관 건물을 제외한 부속건물이 모두 파괴되어, 신입생은 수업할 교실이 없어서 2학년을 마칠 때까지 부근에 있는 경복고등학교, 경기상고(당시에는 도상道商으로 불렸다) 및 서울맹학교(당시에는 서울맹아학교)와 인왕산 기슭 공터 등을 옮겨 다니며 떠돌이 수업을 했다. 아침에 등교할 때는 외숙모와 함께 집을 나서서 효자동 전차 종점까지 같이 걸어서 가고 거기서 헤어져서 각자 갈 길로 갔다. 수업이 끝나면 팔판동이나 삼청동에 사는 친구 두어 명과 함께 집으로 향했다. 어린 초등학생에게 삼청동은 먼 길이었다.

효자동 전차 종점을 지나 삼청동 쪽으로 오르막길을 오르면 왼편에 대통령 관저인 경무대(나중에 청와대로 개칭)가 있었다. 경무대의 경계에는 담장이 아닌 철망이 처져 있어서 그 안이 훤히 들여다보였고, 경비하는 경찰이 많지 않아 가끔 친구들과 함께 경찰의 눈을 피해 철망 밑을 들치고 경무대 안 잔디밭으로 들어가 한동안 놀다가 다시 빠져나와 집으로 가곤 하였다. 가끔 그 안에서 경찰관에게 들키면 대통령 각하가 오시니까 빨리 나가라고 쫓아내 얼른 나와야 했다.

경무대 철망을 지나 지금의 국무총리 공관까지의 꼬불꼬불한 골목길에는, 나병 환자들이 돌아다니면서 어린아이들을 잡아간다는 괴소문이 퍼져 있어서, 골목길을 피하여 오른편 경복궁 담을 따라 내려가다가 삼거리에 이르러 다시 삼청동 쪽으로 방향을 바꾸어 올라가 집으로 갔다. 같이 가던 친구들은 도중에 하나, 둘 먼저 떨어져 나갔다. 3학년 1학기가 되자 비로소 청운초등학교 교정 한편에 지은 1층짜리 가건물에서 수업을 할 수 있게 되었다.

• 문성초등학교

일제강점기에 교편을 잡으셨던 어머니는 교사를 지원하여 내가 3학년 1학기가 되었을 때, 경기도 시흥군에 있는 시흥초등학교 교사로 발령을 받아 그 학교의 문성분교로 배치 받고 교사생활을 시작했다. 당시는 경기도 시흥군 동면 독산리였고 현재는 서울 금천구 독산동이다. 삼청동에서 새벽에 일어나 중앙청까지 걸어가서 버스를 타고 영등포에서 내려 시외버스로 갈아타고 시흥초등학교 문성분교로 매일 출퇴근하시던 어머니는, 너무 힘이 들어서 한 학기가 지나자 문성분교 근처에서 문방구를 하는 집의 방 하나를 세얻었고, 나는 3학년 2학기에 문성분교로 전학하였다. 문성분교는 한 학년에 한 반씩이었는데, 3학년 학생은 남학생 34명, 여학생 22명 모두 56명이었다. 학생 수는 그 후에도 거의 변동이 없었을 것이다.

교사(校舍)도 없어 천막 6개를 치고 한 학년에 1개씩 교실로 사용하였다. 지방이라고는 하지만 서울에서 가까운 곳이었는데도, 제 나이에 입학한 학생은 많지 않았고 대체로 나보다 한두 살 정도 많았다. 어떤 여학생은 4살이나 많았다. 어른스러운 학생들도 여럿 있었고 나보다 한 살 많은 반장은 형님 같았으며, 같은 반에 있는 반장의 고모는 나에게도 고모 같았다.

음악 실기시험을 자유곡으로 불렀는데 학생들은 〈엽전 열닷 냥〉, 〈방랑시인 김삿갓〉 같은 유행가를 불렀다. 반에는 반장 외에 의장이 따로 있어서 학급 회의를 할 때에는 의장이 주재하였는데 아주 능숙하게 진행하였다. 청운초등학교에서는 보지 못하던 광경이었다. 동네를 말할 때 '00동'이나 '00리'가 아니라 반수, 문성굴, 무아래, 가리봉 등 마을 이름으로 부르는 것이 신기했다. 이 마을에서 저 마을로 긴 시간 걸어가며 해가 질 때까지 친구들과 놀았다. 함께 메뚜기 잡아 구워 먹고 개울에서 가재 잡고 멱을 감았다. 걱정이라고는 하나도 없었다. 행복했던 시절이었다. 서울에서는 맛보지 못하던 자유를 마음껏 누렸다.

매달 한 번씩 본교인 시흥초등학교 운동장에서 전교생 조회를 하였고 그럴 때마다 문성분교 학생들은 본교에 가서 조회에 참석하였다. 김군삼(金君三) 교장의 훈화는 항상 같은 내용이었다. "이 세상에는 3종류의 사람들이 있다. '꼭 있어야 할 사람', '있으나 마나 한 사람', '있으면 안 될 사람'이다. 우리 학교 학생들은 반드시 '꼭 있어야 할 사람'이 되어야 한다." 후에 경기중학교에 들어가서 조회를 할 때 김원규 교장의 훈화도 그와 똑같았다. 알고 보니 김원규 교장이 경기중학교로 오기 전 서울중학교의 교장을 하였는데, 김군삼 교장이 그때 서무과장을 하였다고 한다. 1956년 4월, 4학년이 되자 시흥초등학교 문성분교가 분교라는 딱지를 떼고 문성초등학교로 독립하였다(1963년 서울로 편입되어 서울문성초등학교가 된다). 세월이 흘러 내가 공직에서 퇴직하여 변호사를 하고 있을 때 문성초등학교 친구들 20여 명이 모였다. 그 자리에서 내가 문성분교의 본교였던 시흥초등학교 교가를 불렀다.

삼성산 높은 봉은 기상도 씩씩하고 한내의 맑은 물은 우리의 마음일세.
(후렴) 금천의 정기 받은 건아의 이 마당. 만고에 빛내오리 우리 시흥교.

나날이 굳센 마음 한데로 뭉치어 배우고 가르치는 나라의 보배일세.

친구들이 모두 놀라워했다. 시흥초등학교 교가를 기억하는 친구가 한 명도 없었다.

• 돈암초등학교

7월에 시흥군 교육청에서 시흥군 관내 전 초등학생들을 상대로 실시한 국어, 산수, 사생(社生, 사회생활), 자연 4과목의 학력고사에서 4학년 전체 학생 중 최고 득점을 하여 교육감(당시 직함) 표창을 받게 되자, 문성초등학교 선생님들은 나를 어떻게 가르칠 것인가에 대하여 토의를 하였다.

거기서 내린 결론은 나를 계속 문성초등학교에 붙잡아 두면 우수한 중학교에 진학하기 어려울 수 있으니 서울로 보내어 공부하게 하자는 것이었다. 그에 따라 어머니가 돈암동 이모에게 부탁하여 나는 4학년 2학기 겨울방학이 끝난 후 이모 댁으로 올라와 돈암초등학교로 전학하게 된다. 4학년을 마치기 2개월 남은 시점이었다. 그 후 나는 이모 집에서 학창 시절의 상당한 기간을 보내게 된다.

이모(사진)는 4녀 1남 중 차녀로 어머니보다 5살 많았고 하얀 얼굴에 학(鶴) 같은 인상이었으며 엄청나게 키가 컸다. 175cm 정도 되는 것 같았다. 그 시절에 그렇게 키가 큰 여성은 없었다. 그렇게 키가 큰 남자도 못 본 것 같다. 일제 강점기에 경기여고를 졸업했고 펜글씨와 붓글씨를 아주 잘 썼다. 내가 중학교 2학년이 되었을 때는 이모가 써 준 붓글씨 액자가 교실에 걸렸다. 나의 중학교 때 교장인 김원규 선생으로부터 경기여고에서 영어를 배웠다고 한다. 동급생 중 박찬주라는 학생과 아주 친해서 학교 다닐 때는 그 집에서 살다시피 했고 졸업 후에도 한동안 왕래를 했었는데, 그 친구가 고종의 손자인 이우 공(公)과 결혼한 후 신분의 차이를 느껴

왕래가 뜸하게 되었고 결국 인연이 끊어졌다고 한다.

돈암초등학교에 전학 와서 받은 번호가 99번이었다. 반의 학생 수가 99명이라는 뜻이다. 4학년이면 고학년이라고 할 수 있는데 오전반, 오후반 2부제 수업이었다. 남학생반(班)과 여학생반(班)이 오전, 오후로 나누어 교실을 함께 사용하였다. 상상조차 할 수 없는 콩나물 교실이었다. 한 학년에 대략 1,000명씩 전교생이 6,000명이었고 전국 초등학교 중에서 3번째로 학생 수가 많다고 했다. 첫 번째는 인천에 있는 어떤 초등학교였고 두 번째는 종암초등학교라고 했다.

• 치맛바람

학년말에 2주간의 봄 방학이 있었기 때문에 1달 반 정도 다니고 5학년으로 올라갔다. 비로소 오전, 오후반 없는 교실을 쓰게 되었으나 반 학생 수는 여전히 100명 가까이 되었다. 학기가 시작되자 토요일을 제외한 매일 마지막 교시에는 항상 시험을 보았다. 그리고 그 자리에서 학생들 간에 서로 시험지를 바꾸게 하여 선생님이 가르쳐주는 정답에 따라 채점하여 선생님에게 제출하였다. 그래서 학생들은 자신의 성적뿐 아니라 다른 친구들의 성적도 모두 알게 되어 있었다. 그런 식으로 매월 20여 회의 시험을 보고 월말에 선생님이 이를 종합하여 석차를 매겨 공개하였다. 나는 첫 달부터 1등을 하였고 그 성적은 계속 유지되었다.

그러다가 어느 달에 선생님이 '허0'이라는 친구가 1등이고 내가 2등이라고 발표하였다. 도저히 이해가 안 되었다. 그 친구의 시험 성적을 내가 다 알고 있는데 그렇게 될 수가 없었다. 그 친구의 어머니는 우리 반 사친회장(師親會長, 현 학부모회장)으로 자주 학교에 찾아와 선생님을 만나고 교실에도 들리고 하는 분이다. 그래서 그다음 달에는 내가 매일 그 친구의 성적을 확인하였다. 한 달 내내 하루도 그 친구보다 점수가 낮은 날이 없었다. 내가 높거나 동점이었다. 그런데 그달에도 역시 선생님은 그 친구가 1등, 내가 2등이라고 발표하였다. 선생님의 조작이라는 것을 분명히 확인하였지만 어떻게 하겠는가? 그 친구와는 아주 친했다. 순수한 마음을 가진 친구였다. 일요일이면 같이 놀러 가기도 하는 사이였다. 그런데 그다음 달부터 선생님이 그 친구를 1등이라고 발표하는 일이 없어졌다. 조작해도 1등이 될 수 없었기 때문인지 모르겠다.

2학기가 되어 반장 선거를 하게 되었다. 선생님이 성적순으로 7~8명의 후보를 칠판에 적어놓고 그중에서 투표하라고 하였다. 나는 1학기 때는 두 달 전 전학 온 학생이기 때문에 후보에도 올라가지 못하였으나, 이번에는 제일 위에 이름이 올라갔고 1학기에 반장, 부반장을 한 친구들도 들어갔으며 '허0'도 이름을 올렸다. 학생들이 투표를 할 때 '허0'의 어머니가 교실로 들어왔다. 그리고 투표가 진행되는 내내 교단 아래에 서서 지켜보았다. 개표 결과 내가 최다득표를 하였다. 선생님이 교탁을 붙잡고 한참 계시더니 학생들에게 말씀하셨다. 반장 선거의 결과가 나왔지만 1학기 때의 '박00' 반장과 '고00' 부반장이 열심히 하였으니 그대로 계속하도록 하는 것이 어떻겠느냐고 하셨다. 학생들은 "네"라고 했다. 이번에는 나에게 물으셨다. "방은이는 어떠냐?" 나도 "네"라고 대답할 수밖에 없었다.

'허0'의 어머니는 교단 아래에 계속 서 계셨다. 담임 선생님 이름은 '박제흔'이다. '허0'의 어머니는 성적뿐만 아니라 무엇에서든지 내가 자기 아들보다 위에 있는 것을 도저히 받아들일 수 없었나 보다. 그리고 나만 눌러 놓으면 자기 아들은 자연스럽게 위로 솟아오르는 줄 알았나 보다. 몇 달이 지나 2학기가 끝났다. 5학년 성적표를 받아 들자 학생들은 서로 자기의 성적표를 공개하였다. 당시에는 그랬다. 아이들끼리 비밀은 없었다. 성적은 '수우미양가'로 기재되었는데 8과목에 27개 세부 항목으로 나누어져 있어 세부 항목 중 '수'를 받은 숫자에 따라 석차를 정하는 것이 관행이었다. 내가 24개 항목에서 '수'를 받아 가상 많았고 '허0'을 비롯한 공부 잘하는 친구들 모두 나보다 '수'가 적었다. 내가 1등이 된 것을 모두 당연하게 여겼다. 그런데 내가 보기에 한 가지 이상한 점이 있었다. 내 성적표에 처음에는 '우'로 썼다가 'ㅇ' 위에 'ㅅ'을 덧씌워서 '수'로 고친 것이 몇 개 있는 것이었다. 꺼림칙하기는 하였지만 선생님이 잘못 썼다가 고친 것이겠지 생각하고 그대로 지나갔다.

그 진실은 1년 후에 밝혀진다.

• 중학교 선택

　6학년으로 올라갔다. '허0'은 나와 같은 6반으로 배치되었다. 반의 학생 수는 여전히 100명 가까웠다. 담임 선생님은 경기도에서 새로 전입한 '양형조' 선생님이었다. 경기도에서 실력 있기로 소문난 선생님이었다고 했다. 어머니도 그 선생님의 이름을 익히 들었다고 했다. 역시 훌륭한 선생님이었다. 이상한 일이 일절 일어나지 않았다. '허0'의 어머니는 볼 수가 없었다. 학교에는 오셨을지 몰라도 교실에는 들어온 일이 없다. 12월이 되자 지원할 중학교를 선택하기 시작하였다. 현택춘과 이승국은 서울중학교를, 최병순은 경복중학교를 지원한다고 하였다(모두 지원한 학교에 합격한다). '허0'은 성적이 그 아래였는데 경기중학교를 지원한다고 하였다. 반 학생 모두가 놀랐다. 담임선생님도 극구 만류하다가 포기하신 모양이었다.

　'허0'은 그때부터 학교에 나오지 않았다. 가정교사를 붙여 놓고 집에서 공부하고 있다고 소문이 났다. '허0'을 그 후 영원히 만나지 못했다. 아쉽게도 작별 인사도 못했다. 전화가 있는 집이 아주 드물던 시절이라 전화도 못했다. 그 집에는 전화가 있었으나 이모 집에는 전화가 없었다. 100명 가까운 나의 반에서 전화가 있는 집 학생은 6명에 불과했다. 그때는 가정환경 조사를 할 때 모든 조사를 거수(擧手)로 하였기 때문에 신문을 보는 집 학생이 몇 명인지, 라디오가 있는 집이 몇 집인지 다 알고 있었다.

각 반의 1등은 모두 경기중학교를 지원하는 것이 관례였으므로 나도 경기중학교를 지원하여야 할 것이나 집안에서 문제가 생겼다. 주위의 여러분들이 이모와 어머니에게 경기중학교는 공부만 잘한다고 해서 들어갈 수 있는 학교가 아니라고 줄기차게 이야기하였다. 입학시험 성적이 아무리 좋더라도 집안의 배경이 없으면 면접에서 탈락시킨다는 것이었다. 반면에 서울중학교는 성적대로 입학할 수 있고, 당시의 경기중학교 김원규 교장이 전임지인 서울중학교 교장을 할 때, 서울중학교를 많이 발전시켜 놓아 경기중학교에 비견할만하게 되었으니, 서울중학교를 지원하는 것이 좋겠다고 계속 이야기들을 하였다.

심지어 이모부는 나에게 직접 "너는 집안 형편도 그러하니 사범학교 병설중학교에 들어가서 나중에 초등학교 선생님이 되어라"고 하셨다. 그 말에 대해서는 이모도 극구 반대하셨고 나는 너무 서운했다. 나는 선생님에게 이모와 어머니가 서울중학교를 지원하라고 한다고 하였다. 선생님이 무슨 소리냐고 깜짝 놀라셨다. 이모와 어머니를 모시고 오라고 하였다. 멀리서 올라오신 어머니와 이모와 함께 담임 선생님 댁을 찾아갔다. 선생님은 계속 두 분을 설득하셨다. 입학시험 성적이 좋은데 면접에서 떨어뜨리는 일은 절대로 없을 것이라고 간곡하게 말씀하셨다. 두 분이 어느 정도 설득이 되었다.

마침 이모 댁 위 골목에, 경기중학교에서 국어를 가르치는 노광선 선생님이 살고 계셨다. 같은 동네니까 이모와 길에서 마주치면 서로 인사를 하고 지내는 사이였다. 이모와 어머니가 나를 데리고 노광선 선생님 댁으로 찾아갔다. 여러 사람들로부터 들은 이야기를 하고 경기중학교를 지원해도 되겠느냐고 물었다. 노광선 선생님은 학생 본인에게 특별한 문제점이 있지 않은 한 입학시험 성적이 커트라인을 넘는 학생을 가정형편이 어렵다고 하여 면접에서 불합격시키는 일은 절대로 없다고 하면서 시험을 잘 보아 커트라인만 넘기면 입학 사정을 할 때 자기도 참여하니 아무 걱정 말고 지원하라고 격려해 주셨다. 참 고마운 분이다. 경기중학교에서 그 선생님에게 국어를 배우게 된다.

담임 선생님에게 경기중학교를 지원하겠다고 말씀드렸고 선생님은 나에게 경기중학교에 가서 입시 원서 2부를 사 오라고 하셨다. 나와 '허0'의 입시 원서이다. 입시 원서 작성을 마친 선생님은 나에게 서류봉투를 주시고 경기중학교에 가서 제출하고 오라고 하셨다. 서류는 봉함이 되어 있지 않았다. 제출하러 가기 전에 봉투를 열어 그 안에 들어 있는 서류들을 꺼내 보았다. 2명의 입시 원서와 함께 초등학교 5학년과 6학년의 생활기록부 사본이 첨부되어 있었다. 그 내용을 본 나는 깜짝 놀랐다. 5학년 성적을 보니 내가 받았던 성적표와 다르게 기재되어 있었다. 학교에 보관되어 있는 생활기록부를 그대로 사본하였을 터인데 '허0'이 나보다 '수'가 더 많은 것으로 되어 있었다. 5학년 담임 선생님이 학교에 영구히 보관되는 문서인 생활기록부에는 '허0'을 1등, 나를 2등으로 하여 놓고, 학생들에게 공개되는 성적표에는 나를 1등, '허0'을 2등으로 기재한 것이 틀림없었다. 내가 받은 성적표에 '우'로 썼다가 '수'로 수정한 항목이 몇 개 있었던 이유가 이제 밝혀진 것이다. 법률 용어로 말하면 선생님이 허위공문서를 작성하고 또 변조까지 하였던 것이다. 그러나 어찌하겠는가? 2명의 원서를 그대로 가지고 가서 제출하고 그 이야기는 아무에게도 하지 않았다. 5학년 담임 박제흔 선생님과는 그 후 15년이 지난 초임 검사 시절 다시 만나게 된다. 선생님은 내가 그 사실을 안다는 사실을 모른다.

• 내가 겪은 가장 추운 날

1959년 1월 4일 저녁, 매우 추운 날이었다. 이모부는 동네 친구 집에 마작하러 가셨고, 이모는 신설동에 있는 4촌 언니(나에게 5촌 이모) 댁에 가시고 나 혼자 집을 보면서 공부하고 있었다. 갑자기 이모부의 친구들이 이모부를 부축하여 집으로 들이닥쳤다. 그러고는 이모부가 돌아가시게 되었으니 얼른 이모를 모시고 오라고 하였다. 친구 집에서 갑자기 쓰러져 의식이 없게 되었다는 것이다. 나는 급히 신설동 5촌 이모 댁으로 뛰어가서 이모와 함께 집으로 돌아왔다. 오는 길에 한의원에 들러 한의사를 모시고 왔다. 이모부를 진찰한 한의사는 고개를 절레절레 흔들었다. 이모와 이모부의 친구들께서 나에게 아무래도 오늘 밤이 고비일 것 같으니 삼청동의 외갓집에 가서 자고 내일 아침에 오라고 했다.

나는 한밤중에 집을 나서서 버스를 타고 중앙청 앞에서 내려 삼청동 꼭대기로 걸어 올라갔다. 휘몰아치는 북풍에 살이 에이는 것 같았다. 모자도 없고 귀마개도 없고 외투도 없이 장갑만 끼고 홑저고리 바람으로 정면에서 몰아치는 북풍을 거스르며 외갓집까지

갔다. 걸어 올라가는 동안 주위에는 사람은커녕 개 1마리도 눈에 띄지 않았다. 얼마나 추웠는지 말로 표현할 수 없다. 다음 날 아침, 소한(小寒) 날이었다. 일어나자마자 다시 중앙청 앞까지 걸어가서 버스를 타고 집으로 왔다. 예상했던 대로 이모부는 그날 1월 5일 새벽에 운명하셨다고 했다.

그날 아침의 서울 기온이 영하 19.8도로 기록되었다. 그때 양쪽 귀에 입은 동상(凍傷)이 대학교를 졸업할 때까지 10년을 갔다. 기상청 자료에 의하면 1970년 1월 5일 서울의 기온이 영하 20.2도까지 내려가 11년 만에 한 번 그 기록을 깨뜨린 일이 있다고 하는데 나는 기억에 없다. 그때에는 내가 추위에 직접 노출되지 않아 모르고 지나갔나 보다.

• 무아(無我)의 체험

2월에 중학교 입학시험을 볼 때 신기한 체험을 하였다. 산수 시험 시간이었다. 시험지 앞뒷면에 걸쳐 주관식으로 12문제가 나왔다. 문제를 모두 풀고 시간이 남아 다시 앞에서부터 시작하여 마지막 문제까지 검토를 마쳤다. 완벽함을 확인하고 고개를 들었다. 그런데 앞을 보니 내가 앉아 있는 곳이 어디인지 알 수가 없었다. 산수 문제를 풀고 있었던 것은 알겠는데, 주위에 앉아 문제를 푸는 학생들이 누구인지도 모르겠고 내가 왜 여기에 앉아서 산수 문제를 풀었는지도 알 수가 없었다. 그때 시험지 오른편에 놓여있는 수험표가 눈에 들어왔다. 그 순간 내가 경기중학교에 와서 입학시험을 보고 있는 중이라는 사실을 깨달았다. 일체의 잡념이 일어나지 않고 오직 한 가지 일에만 집중한 삼매경(三昧境)에 빠져 있었던 경험이었다. 무아지경이었다.

합격자 발표 날 새벽에, 잠을 자고 있을 때 누가 대문을 마구 두드렸다. 이모가 나가서 대문을 열었다. 노광선 선생님의 목소리가 들렸다. "학생, 됐어요. 됐어" 큰 소리로 말씀하시고는 집 쪽으로 올라가셨다. 입학 사정을 마치고 통행금지가 풀리자, 집으로 돌아오시는 길이었다. 아침이 밝자 경기중학교로 갔다. 정문은 굳게 닫혀 있었고 그 앞과 주변 도로에는 방(榜)을 보러 나온 수많은 학생과 학부모로 인산인해였다. 조금 있으니 학교 직원이 나와서 정문 왼쪽의 돌담에 합격자의 수험번호를 붓글씨로 적은 방을 붙이기 시작했다. 숨 막히는 순간이었다. 수험번호가 펼쳐질 때마다 기다리던 사람들의 환호와 탄식이 어우러졌다. 드디어 '五二七(527)'이 나타났다. 알고는 있었지만 가슴이 벅찼다.

1959년 3월 9일. 일생 처음 맛보는 흥분된 순간이었다. '허0'의 수험번호는 거기에 없었다. 합격자 420명, 경쟁률 2.8:1이었다. 초등학교 졸업식은 그 후에 거행되었다. 원하는 중학교에 진학하지 못한 친구들은 거의 참석하지 않았다. 그래서 나는 '허0'을 영원히 보지 못하게 되었다. 후기 중학교에 합격한 것은 들어서 알고 있으나 고등학교 이후의 진로를 아는 사람이 없었다. 아주 좋은 친구였는데 어머니의 과욕 때문에 고생을 많이 하였을 것이다. 지금은 어디에서 행복하게 살고 있기를 진심으로 바란다.

중고등학교 시절

• 부족함이 없는 학교

경기중학교는 경이로운 학교였다. 학생 각자에게 마름모꼴 교표(校標) 아래 성명을 새겨 넣은 나무로 된 문패(門牌)를 만들어주어 집 대문에 걸어놓도록 했다. 아파트가 없던 시절이었다. 길을 가던 사람들이 쳐다보고 갔다. 교모(校帽)에는 제1고보(高普)에서 유래한 흰색 줄이 하나 둘러 있었고, 교복 상의에 부착된 특이한 마름모꼴의 명찰은 멀리서도 알아볼 수 있었다. 규율은 엄격하였다. 집 동네를 벗어나 외출을 할 때는 반드시 교복을 입고 다니라고 하였고, 겨울이면 반드시 코트를 입고 장갑을 끼어야 하고 아무리 추워도 주머니에 손을 넣고 다니면 안 된다고 하였다. 영국의 명문 이튼스쿨(Eton School)을 본받는다고 하였다.

등교할 때는 돈암동에서 전차를 타고 원남동에서 내려 학교까지 걸어갔다. 학교는 화동1번지에 있었다. 일찍 나오는 날에는 학교까지 내쳐 걸어갔다. 짐짝 같은 버스는 되도록 이용하지 않았다. 수업이 끝나면 몇 명의 친구들과 함께 집까지 걸어가는 적이 많았다. 효제초등학교나 혜화초등학교를 나온 친구들은 원남동이나 명륜동에서 헤어졌다. 자전거를 타고 등하교하는 학생들도 많았다. 아침에는 자전거의 행렬이 재동과 안국동에 줄을 이었고, 학교 정문에서 도서관에 이르는 오르막길 오른쪽 공터는 학생들이 세워놓은 자전거로 가득 차 있었다. 부유한 집안의 아이들이 많은 학교였지만 자가용을 타고 등하교하는 학생은 거의 볼 수 없었다. 특별한 사정으로 자가용을 타고 오는 일이 있더라도 학교에서 상당히 떨어진 곳에서 내려 걸어왔을 것이다.

강당에는 한 학부모가 기증한 것으로 알려진 극장용(用) 최신 영사기가 비치되어 있어, 단성사나 대한극장 같은 개봉관에서 상영하는 영화를 정기적으로 학생들에게 보여주었다. 개봉하기 전에 먼저 보여주는 경우도 있었고, 오래전에 유명했던 영화의 필름도 가져다 보여주었다. 당시 시중 영화관에서 상영하는 영화 중에도 학생입장가(可) 영화가 있었지만 학교에서는 시중 영화관 출입을 일절 금지하였고 만일 갔다가 적발이 되면 예외 없이 정학 처분을 받았다. 단지 대한극장 건너편 뒷길에 있던 '학생입장가' 영화 전문 상영관인 아테네 극장만 들어갈 수 있었고, 〈남태평양〉, 〈벤허〉 같은 대형 영화는 70mm 필름 영사기를 갖추고 있는 유일한 영화관인 대한극장에서 단체로 관람시켜 주었다. 학과목은 물론 예체능에 이르기까지 학교에서 가르치는 것만 제대로 익히면 별도의 과외나 학원 공부를 할 필요가 없도록 하였다.

김원규 교장은 전국 중고등학교에서 우수하다고 알려진 선생님이 있으면 어떻게 해서든지 스카웃하여 모셔 왔다. 다른 고등학교에서 국어를 아주 잘 가르친다고 소문 난 이어령 선생도 모셔왔다. 내가 중학교 1학년 때 고등학교에서 가르쳤다. 직접 배운 배배 이야기로는 너무 재미있어서 국어 시간이 기다려졌다고 하였다. 국어가 그렇게 재미있는 과목이었는지 몰랐었다고 하였다. 중학교 2학년 때인가? 당시 라디오 아나운서로 이름을 날리던 전영우 선생이 고등학교 국어교사로 부임하여 운동장에서 열린 조회 시간에 소개되었다. 자기는 경복고등학교를 졸업하였는데 학교 다닐 때 경기고등학교 학생들이 그렇게 부러울 수가 없었다고 하였다. 이제야 그 한을 풀었는데 학생으로 오지는 못하고 선생으로 오게 되었다고 취임인사를 하였다. 이어령 선생, 전영우 선생, 모두 내가 고등학교에 올라갔을 때는 계시지 않았다. 대학에서 교수로 오라고 하여도 사양하고 계속 근무하시는 선생님들도 많았다. 나중에 학교를 퇴직하고 학원(學院)을 세워 학원 재벌이 된 선생님들도 있다.

• 고교입시제도 변경

마냥 즐겁기만 했던 중학교 1학년이 지나가고 2학년에 올라가자마자 3·15부정선거를 규탄하는 4·19혁명이 일어났다. 자유당 정권이 무너지고 내각책임제 개헌을 한 후 민주당 정권이 들어섰다. 교실 바로 내 뒷자리에 앉은 친구의 아버지가 부정선거 관련자로 구속되었다. 자유당 소속 국회부의장이었다. 민주당 정권이 출범하자 내 앞의 앞자리에 앉은 친구의 아버지가 재무부장관이 되었다. 그러나 민주당 정권은 1년도 가지 못했다. 3학년이 되고 얼마 지나지 않아 5·16 군사혁명이 일어났다. 혁명정부에서 입시제도를 획기적으로 변경하였다. 그 전 해까지는 중학교 3학년 졸업생 전원(全員)을 동계(同系) 고등학교에 무시험으로 진학시키고 한 학급 60명만 타 중학교 출신자를 대상으로 입학시험을 보아 선발하였다.

그런데 혁명정부에서 동계 중학교 출신과 타 중학교 출신을 차별하는 것이 부당하다는 이유로 동계, 타교 구분 없이 지원을 받아 완전경쟁으로 선발하라고 하였다. 그리고 전국적으로 같은 객관식 문제로 입학시험을 치르되, 학과목 150점 외에 국민의 체력을 향상시킨다는 이유로 25점 만점의 체능(體能)을 추가하여 합계 175점 만점으로 한다고 하였다. 체능은 턱걸이, 100미터 달리기, 제자리넓이뛰기, 오른손 공 던지기, 왼손 공 던지기의 5종목(여학생의 경우 턱걸이 대신 다른 종목이었던 것으로 안다)으로 하여 종목마다 5점 만점에 기본점수 1점으로 하였다. 결국 체능에서 최저 5점, 최고 25점으로 20점의 차이가 나게 만든 것이다. 각 종목별 점수에 해당하는 기준도 미리 공고되었다.

학교에 비상이 걸렸다. 아무래도 공부 잘하는 학생들이 모인 곳이다 보니 운동에서는 뒤떨어지는 것이 사실이었다. 나는 특히 운동에 약했다. 새로운 입시제도에 따라 서울 시내 학생은 물론 지방 학생들도 대거 경기고등학교에 지원할 것으로 예상되었다. 체육시간에는 체능 위주 연습을 시켰다. 1, 2학기 체육시험도 체능 종목으로 대체하였다. 나는 두 학기 모두 25점 만점에 8점을 했다.

1학기 성적표에는 체육 과목에 32점으로 과락(科落)임을 표시하는 빨간색 줄이 처져 있었고, 2학기도 역시 과락이었으나 성적표에는 40점으로 기록되어 있었다. 졸업시험이 끝난 후 입학시험을 볼 때까지 학과목 공부는 거의 팽개치고 학교 운동장에서 체능 연습에만 몰두하였다. 단 한 개도 하지 못했던 턱걸이를 6개까지 할 수 있게 되었고(그래봐야 3점이다) 왼손 공 던지기도 요령을 터득하여 기본점수를 면하게 되었다. 체능 과외수업을 받은 친구들도 꽤 있다.

입학원서 마감 결과 480명 모집에 경쟁률은 1.8:1이 되었다. 예상보다는 지원율이 낮았다. 입학시험을 치렀다. 학과 시험에서 132점을 받았고 체능에서 13점을 했다. 종강 이후의 연습 덕분에 종전보다 5점 올랐으나 다른 지원자들에 비하여는 10점 이상 부족한 것이다. 학과목 성적으로 만회할 수 있을지 불안했다. 두근거리면서 기다린 합격자 발표에서 내 이름을 찾을 수 있었다. 커트라인은 136점이었다. 가슴을 쓸어내렸다.

• 이과(理科)반 선택

고등학생이 되었다. 나는 수학, 과학 과목도 성적이 좋기는 하였으나 어려서부터 사회과목에 더 흥미가 있었다. 그러나 3학년으로 올라가면서 문과, 이과를 선택하게 될 때 나는 이과 반으로 들어갔다. 문과 3개 반 173명, 이과 5개 반 313명이었다. 나의 관심 분야로 보자면 문과를 선택하여 법대로 진학하는 것이 맞았으나, 법조인이 되려면 고시에 합격해야 하는데, 당시의 세태가 고시를 보려면 대학 재학 중에도 방학에는 절에 들어가서 공부를 하고 졸업 후에도 몇 년씩 더 공부하는 것이 일반적이었다. 그렇게 하고도 아주 일부밖에 합격하지 못하였다. 나는 그런 것을 감당할 집안 형편이 되지 못했다. 대학에 입학하자마자 아르바이트를 하여 학비는 물론 생활비까지 마련해야 할 것이고, 절에 들어가서 공부할 여유도 없으며, 더구나 졸업 후 몇 년 동안 더 공부한다는 것은 생각도 할 수 없는 일이었다.

어머니는 이미 내가 중학교 다닐 때 교사를 그만두었다. 그만둔 이유를 정확하게 알 수는 없었지만, 워낙 자존심이 강한 분이었기에 부당한 업무 지시를 받아들일 수 없었을 것이다. 내가 문성분교에 다니던 시절 시흥초등학교 운동회를 하게 되었을 때, 교장이 어머니에게 내빈으로 오시는 국회의원 가슴에 꽃을 꽂아드리라고 지시하였는데, 선생이 어떻게 꽃을 꽂아 주느냐고 항의를 한 일이 있다. 아마 그런 종류의 일을 참을 수 없어 그만두셨을 것으로 짐작했다. 어쨌든 대학에 들어가서부터는 내가 집안을 책임져야 할 형편인데 공대에 들어가면 아르바이트 자리도 많을 것이고 졸업 후 바로 취직도 보장될 것이었다.

• 친구 집안의 가문(家門) 설계

나는 학교에서 하지 말라는 일은 절대 안 하는 학생이었지만 규칙을 어기고 극장에 한번 갔다가 들킨 일이 있다. 고등학교 3학년 어느 토요일, 수업을 마치고(토요일 수업은 오전만 하였다) 짝이었던 최석주와 단성사에 영화를 보러 들어갔다. 교복을 입고 가방도 들고 있었다. 학생입장가(可) 영화였기에 입장하는 데는 아무 문제가 없었다. 아직 시작 시간이 되지 않아 복도 의자에 앉아서 기다리고 있는데 무섭기로 소문난 젊은 체육 선생님이 사모님으로 보이는 분과 함께 계단을 올라오셨다. 꼼짝없이 걸렸다. 졸업을 얼마 안 남기고 정학을 당하게 생겼다. 할 수 없이 일어나서 인사를 하였다. 잠시 쳐다보시더니 인사도 받지 않고 어디론가 가셨다. 그러더니 과자 한 봉지를 들고 와서 우리에게 주셨다. 그렇게 살아났다. 그냥 넘길 선생님이 아닌데 고3이니까 그냥 넘어가 주셨던가 보다. 어쩌면 같이 계시던 사모님 덕인지도 모른다.

최석주와는 중2와 고3 두 번 같은 반이었는데 공교롭게도 두 번 모두 짝이 되어 아주 친하게 지냈다. 조선 3대 천재 중 한 사람으로 널리 알려진 육당 최남선 선생의 손자이고, 아버지는 서울대학교 의과대학 교수였다. 최석주는 아버지의 길을 따라 서울대학교 의예과에 입학했는데 본과 3학년 여름방학 때 설악산에 갔다가 바위에서 떨어져 유명을 달리하였다. 유능한 의사가 되었을 친구를 젊은 나이에 잃게 된 것이 못내 안타깝다. 최석주에게서 들은 이야기다. 조부 최남선 선생의 아버지는 한의사였는데 재산을 많이 모아 아들로 하여금 돈 걱정을 하지 않고 학자의 길을 갈 수 있도록 하였고, 나아가 대를 이어 의사, 학자의 길을 교대로 걸어가라는 유언을 남겼다고 한다. 그래서 그 친구의 아버지는 의사가 되었고, 자기는 학자가 될 차례인데 어쩌다가 이를 지키지 못하고 의대에 들어가게 되었다고 했다. 훌륭한 집안에서는 그렇게 대를 이어가며 가문의 설계를 하는구나 하고 감탄하였다.

오래 지난 후에 친구들과 가문(家門) 이야기를 하다가 한 친구로부터 들은 이야기는 더욱 놀라웠다. 그 친구는 3형제 중의 맏인데 자기는 경기고등학교를 나왔지만 아래 동생들은 서울고등학교, 경복고등학교를 나왔다고 하였다. 그 동생들도 모두 경기고등학교에 지원하겠다고 하였으나 아버지의 엄명으로 서울, 경복으로 나누어서 들어갔다고 한다. 그런데 지금 와서 보니 자기 3형제는 경기, 서울, 경복고등학교 출신 모두와 인맥을 가지게 되었다는 것이다. 어렸을 때는 몰랐던 아버지의 깊은 뜻을 이제야 이해하게 되었다고 했다.

• 기계공학과 지원

학년말이 되어 대학에 지원하게 되었을 때 서울공대 기계공학과를 선택하였다. 그 시절 서울공대에서 특히 인기 있는 몇 개의 학과가 있었지만 그중에서도 화학공학과(화공과)가 가장 인기 있었다. 그런데 나는 화학보다는 물리에 더 흥미가 있었고, 바로 그 전 해인 1964년 서울대 입시에서는 기계공학과의 커트라인이 공대에서 가장 높았으며, 문과와 이과를 합한 서울대 전체 입학 수석이 기계공학과를 지원한 서울고등학교 출신 헌재민이었다. 기계공학과의 시대가 열릴 것 같은 느낌이 들었다. 기계공학이 공학의 기본이라는 생각도 들었다. 공학은 영어로 Engineering인데 이 단어는 Engine에서 나온 말이고 Engine은 기계 아닌가! 고교 동기 수석 졸업생 김영식은 화학공학과를 지원하였다. 그 친구는 졸업성적이 평균 94점으로, 경기 역사상 95점의 기록을 가지고 있는 유진오 선생에게 아깝게 뒤졌다고 하였고, 고3 때 매달 치른 모의고사에서 단 한번을 제외하고는 모두 1등을 하였다. 그런 천재는 피하고 싶었다.

1965년 1월 공릉동 허허벌판에 자리 잡고 있는 서울공대의 강의실도 아닌 복도에서 덜덜 떨면서 입학시험을 치르고 기계공학도의 길로 들어섰다. 입학정원은 50명, 경쟁률은 6:1이었다.

대학 시절과 룸비니, 그리고 사법시험 합격

• 룸비니와의 인연

1959년 8월 어느 날, 중학교에 들어가서 처음 맞는 여름방학이었다. 친하게 왕래하는 어머니 친구의 가족들과 함께 속리산 법주사를 찾았다. 절 여기저기를 구경하고 있을 때 수염을 길게 기른 특이하게 생긴 분이 나에게 다가왔다. 스님 같기도 했고 아닌 것 같기도 했고, 입고 있는 옷이 승복 같기도 하고 아닌 것 같기도 했다. 나이도 가늠하기 어려웠다. 친근한 어조로 서울에서 왔느냐, 누구하고 왔느냐는 등 이것저것 물어보셨다. 그러고는 모든 생명을 소중히 여겨야 한다고 말씀하시고 공부 열심히 하라고 한 후 휘적휘적 걸어가셨다.

1963년 고등학교 2학년이 되었을 때 학생들 사이에서 어떤 털보 스님이 길에서 만나는 학생들의 뺨을 잡고 절에 나오라고 한다는 소문이 퍼져 있었다. 어느 날 하굣길에 소문으로 듣고 있던 털보 스님을 마주치게 되었다. 나의 뺨을 손으로 잡고 흔드신 후 이것저것 물어보시고 수첩에다 적으시고는, 룸비니라는 단체가 있는데 매주 토요일 오후 2시에 대각사라는 절에서 고등학생들이 모여 법회를 보니 나와 보라고 하셨다. 얼마 후 토요일 수업이 끝나고 대각사를 찾아갔다. 종로구 봉익동에 있는 절로 학교에서 그리 멀지 않은 곳에 있었다.

서울법대 교수 황산덕 박사가 법회의 강설을 한다는 내용의, 발신인이 룸비니 한국학생본부로 되어 있는 엽서를 받고 찾아간 것으로 기억된다. 황 박사는 소설가 정비석 씨와 신문 연재소설 〈자유 부인〉의 내용을 둘러싸고 논쟁을 벌인 일로 잘 알려진 분이었다. 방에 가득 들어찬 고등학생들 틈에 끼어 앉았다. 황 박사는 그 전 해에 비상임 논설위원으로 있던 〈동아일보〉에 쓴 사설 '국민투표는 만능이 아니다'로 인하여 구속되었다가 석방된 일이 있는데 그날의 강설 주제는 바로 그 사건이었다. 구치소 감방 벽에 부인 황이선 여사의 권유에 따라 당시 국가재건최고회의 의장 박정희 씨(황 박사는 계속 박정희 씨라고 호칭하였다)의 사진을 붙여 놓고 계속 뚫어지게 들여다보았더니 서서히 미움이 걷혀갔고 다 걷혀갈 즈음 석방되더라는 요지의 말씀이었다. 그 뒤로 한두 차례 더 법회에 나간 것으로 기억된다. 그러나 그때의 인연은 거기까지였다. 다만, 밖에서는 털보 스님이라고 불렸지만 비구계를 받은 스님은 아니라는 사실과 룸비니에서는 법사(法師)님이라고 부른다는 사실을 알게 되었다. 나중에 그 호칭이 법주(法主)님으로 바뀐다.

1965년 2월 초순, 대학 입학을 얼마 남겨 놓지 않은 초봄의 어느 날, 돈암동의 한적한 소로(小路)에서 법주님과 마주쳤다. 나를 보시더니 대뜸 "너 대학 어떻게 되었냐?"고 물으셨다. 2년 전 두세 번 밖에는 본 일이 없는데도 정확하게 기억하고 계셨다. 합격했다고 하였더니 그러면 이제는 룸비니 대학부에 꼭 나오라고 다짐하셨다. 며칠이 지난 후 외출했다가 집에 들어갔더니 '이홍철 선생'이라는 분에게서 전화가 왔었다고 하였다. 아무리 생각해 보아도 초등학교부터 대학교까지의 선생님 중에 이홍철이라는 분은 안 계셨다.

그때까지 법주님의 성도 이름도 모르고 있었다. 불현듯 법주님 생각이 났다. 법주님 성함이 이홍철인가 보다 생각하고 룸비니에 전화를 하였더니 대각사로 오라고 하셨다. 정해 준 시각에 대각사로 갔더니 기거하시는 요사채에 술과 안주를 준비해 놓고 계셨다. 말로만 들어보던 조니워커(Johnnie Walker) 위스키 1병이 놓여 있었다. 지금은 별로 대단하게 여기지 않는 8년짜리 Red였지만 당시로서는 일반인은 구경하기도 힘든 귀한 술이었다. 누가 법주님께 갖다 드린 것이라고 했다. 앞으로 룸비니에 열심히 나와야 한다고 하면서 계속 권하시는 바람에 법주님과 함께 한 병을 다 마시고 기분 좋게 집으로 돌아왔다. 위스키를 마셔 본 것은 그 때가 처음이다.

후에 들은 바로는 법주님은 청소년들을 상대로 불법을 전파하기로 원(願)을 세우고, 청소년들과 자연스럽게 어울리기 위하여 음주를 금하는 비구계를 일부러 받지 않으셨다고 한다. 그 후 한참 세월이 지난 1980년대 중반 법주님 회갑 무렵 어느 날 "이제부터 술을 안 마시겠다"라고 선언하시고는 입적하실 때까지 30여 년 동안 술을 입에 대지도 않았다. 위스키를 마시고 헤어진 며칠 후 법주님께서 룸비니에 나오는 중학생의 부모가 과외선생을 구하는데 하지 않겠느냐고 하셨다. 그래서 3월 개학에 맞추어 아르바이트 자리까지 생겼다. 법주님과의, 룸비니와의 기나긴 인연은 그렇게 시작되었다.

• 1학년

1965년 3월, 서울공대 기계공학과에 입학은 하였으나 두 달 정도만 제대로 수업하였을 뿐, 5월 들어서부터는 한일협정 체결에 반대하는 전국적인 학생들의 시위로 인하여 학사일정은 파행을 거듭하였다. 각 대학은 서둘러 6월 중순경부터 학기말 시험을 치르고 휴교에 들어갔고 바로 조기 여름방학으로 연결되었다.

시국의 혼란과는 관계없이 나는 입학한 지 몇 달도 되지 않아 깊은 고민에 빠지게 되었다. 과학의 제반 원리를 이해하는데 부족함을 느꼈고 개념이 잘 잡히지 않는 경우가 많았다. 공학에 대한 흥미를 잃어갔고 심화된 과학에는 적응하기 어렵다는 판단이 섰다. 소질과 적성에 맞지 않는 일을 일생동안 할 수는 없다는 생각이 들어 고심 끝에 다음 해에 법과대학을 지망하여 입학시험을 다시 치르기로 결심하였다. 사회 과목을 더 좋아하면서도 과학도 충분히 잘할 수 있다고 믿고 시류와 환경에 맞추어 진로를 선택하였던 나의 잘못이었다.

먼저 고등학교 3학년 4반 담임이었던 최종기 선생님을 찾아갔다. 4반의 1등 졸업생으로서 대학에 입학한 지 얼마 지나지도 않아 상의도 없이 진로를 바꾸는 것은 도리가 아니라고 생각했기 때문이다. 선생님은 의외로 나의 결심을 지지해 주셨고 다음 해의 입시 도전을 적극 도와주겠다고 하셨다. 학교에서 고3 학생들을 상대로 매달 실시하는 모의고사 문제지도 챙겨서 보내주고 그 외에 선생님들이 만드는 교재도 보내주겠다고 하셨다. 그렇게 고마울

수가 없었고 천군만마를 얻은 기분이었다. 그런데 나의 결심을 들은 가족, 친지 및 주위 어른들은 모두 반대하셨다. 특히 어머니의 반대는 결사적이었다. 예체능도 아닌 일반 학과목이 적성에 맞지 않는다는 나의 말을 도저히 이해하지 못했다. 어머니는 내가 3살 때 남편과 사별하고 혼자되어 나만 보고 살아오신 분이다.

그 반대를 거스를 길이 없어 여름방학이 되자 곧바로 동숭동 서울대학교 본부에 있는 학생 고충 상담소를 찾아갔다. 여러 차례 상담한 끝에 일단 공과대학을 졸업하고 나서 법과대학 3학년으로 학사 편입을 하라는 권유를 받았다. 다만 학사 편입을 하려면 공대에서의 전(全) 학년 학점 평균이 B 이상 되어야 한다고 하였다. 당시 교수들의 인색한 학점을 고려하면 만만치 않은 조건이었으나 받아들이는 길밖에 없었다. 공학에서 벗어나기 위하여 공학을 열심히 공부해야 하는 아이러니한 대학 생활이 시작되었다.

마음 붙일 곳을 찾지 못한 가운데 매주 토요일에는 대각사에 나가서 법주님이나 스님들 또는 사회저명인사들의 강설을 듣고 새로 만난 룸비니 회원들과 친구가 되어 시간을 보내다가 귀가하는 것으로 위안을 삼았다. 당시에는 회원들을 각우(覺友)라고 불렀는데 아주 신선한 호칭으로 받아들여졌다. 나중에 일반에게도 익숙한 법도(法徒)로 변경된다. 내가 법회에서 강설을 듣던 중 갑자기 눈이 번쩍 뜨이도록 감명 깊었던 순간은 금강경에 나오는 '응무소주 이생기심(應無所住 而生其心)'이라는 구절을 듣는 순간이었다. 일반적으로 '마땅히 머무는 바 없이 그 마음을 내라'고 번역을 하고 있는데 나는 '머무는 바 없이'라는 부분을 '집착하지 않고'라고 나름대로 이해하였다.

• 2학년

2학년에 올라간 지 얼마 지나지 않았을 때 작년 나의 방황을 알고 계셨던 이모가 신촌에 있는 용하다는 역술인을 찾아가셨다고 한다. 나의 성명과 사주(四柱)를 넣었더니 대뜸 "이 사람은 하던 공부 집어치우고 고시 공부를 합니다. 그리고 스물다섯 살 되는 해 7월 고시에 합격합니다"라고 하더란다. 이모로부터 그 말을 전해들은 나는 신기했다. 어떻게 사주만 가지고 마음속에 감추어 놓은 생각까지 읽어낼 수가 있는가? 기분은 좋았지만 그대로 믿기는 어려웠다. 4년 후의 일을 어떻게 달(月)까지 꼭 찍어서 예측 할 수가 있을까? 더구나 사법시험은 통상 매년 2월에 실시하고 3월에 합격자를 발표하는데 7월에 합격한다는 것은 시기에 맞지 않는다. 하지만, 그 역술인의 예언, 스물다섯 살 7월은 내 머릿속에 깊숙이 각인되었다. 다른 사람에게 그 말을 하면 미신에 홀린 황당한 사람이라고 비아냥 받을 염려가 있고, 만일 정말로 그렇게 될 운명이라면 다른 사람에게 이야기함으로써 그 운이 사라질 수도 있다는 생각에 가족 이외에는 아무에게도 이야기하지 않았다.

1966년 4월 2일 룸비니의 날(창립기념일)에 총재 청담 대종사로부터 도연(道然)이라는 법호를, 총장 황산덕 박사로부터 대학부 국제부장 임명장을 받았다. 각 부장은 나와 같은 2학년생들이었는데 다른 부장들은 할 일이 많았으나 국제부장은 할 일이 무엇인지 딱히 알 수가 없었다. 법주님이 룸비니 한국학생회는 인도에 총본부가 있는 세계 룸비니학생회의 한국 본부이고 전 세계 2~30개 국가에 국가별 본부가 있다고 하였다. 그렇다면 나는 인도에 있는 세계 총본부와 세계 각국의 본부들과 접촉하여 국제적 연락망이라도 갖추어 놓을 필요가 있겠다고 생각했다. 그래서 세계 총본부나 각국 본부의 현황을 알아보려고 하였으나 알 길이 없었다. 법주님은 룸비니의 꿈을 이야기하셨나 보다. 국제부장으로서의 일은 아무것도 하지 못하는 가운데 매주 토요일이 되면 법회에 열심히 참석하여 여러 친구들과 만나는 데서 즐거움을 찾았다.

• 3학년

1967년 4월 8일 룸비니의 날, 창립 8주년이 되는 날이다. 조보연 법도가 대학부 회장, 나는 사무처장으로 임명되었다. 조보연 회장은 경복고등학교 1학년 때부터 룸비니와 인연을 맺어 열심히 법회에 참석하고 있는 신심이 돈독한 법도로서 서울대학교 의과대학 본과 1학년생이었다. 회원들의 전폭적인 신망을 얻고 있었는데 의대 본과 1학년이 되면 학업에 전념해야하기 때문에 회장 일을 하기 어렵다고 극구 사양하고 있었으나, 법주님이 직접 간곡히 부탁하여 회장을 맡게 되었다.

사무처장은 대학부의 모든 사무를 처리하는 책임자이지만 매주 열리는 법회의 진행이 가장 중요한 일이었다. 법회의 강설은 법주님이 주로 하셨지만, 법주님과 교분이 두터운 혁신적 마인드를 가진 장년층의 스님들, 불교계 교수, 사회 저명인사 등 다양한 분들을 모셨다. 능가(能嘉), 광덕(光德), 법정(法頂) 스님을 비롯하여 이기영 동국대 교수, 이항녕 고려대 교수 등이 자주 오셨다. 시조 시인 노산 이은상 선생, 〈국화 옆에서〉의 서정주 시인, 서울공대에서 교양 철학을 강의하시던 박상현 교수 등도 모셨다. 학생들이 찾아가 강설을 부탁드리면 모두 선뜻 승낙하셨다.

강설 주제는 불교 이론이나 경전보다는 생활불교를 위주로 한 것이었다. 부처님의 가르침을 생활에서 실천하자는 것이다. 능가 스님은 직접 경험하셨다는 귀신 이야기를 해 주셨다. 학생들이 의아한 표정을 짓자 "내가 거짓말을 하겠어?"라고 일갈하셨다. 초대 사회부장관을 지낸 전진한 선생은 "죽음을 두려워하지 마라. 죽는다는 것은 책장을 한 장 넘기는 것과 같다"고 하셨다.

이론과 경전에 관심이 많은 법도들을 위하여 매주 또는 격주로 수요일 저녁에 불타사상연구회라는 이름으로 모임을 가지도록 하였다. 회원은 갈수록 늘어났다. 법회가 끝난 후에는 회원들을 3개 조로 나누어 논교(論交)라는 이름으로 외부에 나가서 모임을 가지도록 하였다. 논교의 주제는 통일적으로 정해 주지 않고 각 조에서 그때그때 임의로 정하도록 하였다. 불교나 신앙에 관한 주제에 한하지 않고 일상생활에서 부딪치게 되는 갖가지 일에 대해서 자기의 생각과 고민을 털어놓고 함께 이야기하면서 토론하였다. 시간 제한도 없었고 논교가 끝나면 일부 미진한 회원들은 인근 중국 음식점 등으로 자리를 옮겨 배갈 등을 마시며 이야기를 이어가곤 했다.

• 최초의 수행대회

그해 6월의 정국(政局)은 2년 전 같은 무렵의 데자뷰(deja vu)였다. 이번에는 6월 8일 실시된 제7대 국회의원 총선거의 부정선거 시비로 인한 것이었다. 학생 시위의 양상이 걷잡을 수 없이 격화되자 정부는 위수령과 휴업령을 발동하였고 각 학교는 휴업에 이어서 조기 방학을 하게 되었다. 늘어나던 법회 참석인원이 회원들의 귀향 등으로 줄어들기 시작했다. 법주님, 조보연 회장과 상의하여 수행대회를 열기로 했다. 장소를 법주님의 추천으로 경기도 파주군 광탄면의 보광사로 정하고, 기간은 7월 16일부터 19일까지 3박4일로 하여 희망자를 모집하였다. 50명도 넘는 학생이 지원하였다.

6·25전쟁 격전지 중의 하나로 수많은 사상자를 냈다고 알려진 고령산 중턱에 자리 잡은 사찰로 일반인의 출입이 거의 없어 아늑하고 고요하여 수행대회에 안성맞춤인 장소였다. 우리는 대웅보전 맞은편에 뚝 떨어져 있는 만세루에서 아무런 방해 없이 수행대회를 진행할 수 있었다. 매일 아침저녁 예불을 하고, 참선 하고, 법회를 보고 법주님의 강설을 듣고 모든 것이 보람 있었지만, 회원들에게 가장 인상적이었던 것은 하루 3번의 발우(鉢盂)공양이었다. 각자 발우 4개씩을 준비하여 식사 때마다 1개에는 밥, 1개에는 국, 1개에는 반찬을 먹을 만큼 덜어놓고 다 먹은 다음 나머지 1개에 따라놓은 물로 3개의 발우를 손가락으로 깨끗이 씻어 설거지하고 그 물을 마신 후 마른 행주로 4개의 발우를 닦아 다시 보관하는 것이었다. 어디에서도 경험하지 못한 환경친화적인 식사 방식에 모

두 놀랐다. 그 수행대회가 바로 요즈음 유행하는 템플스테이의 효시라는 자부심을 가지고 있다.

2학기에 들어서 정국이 안정을 찾았다. 룸비니를 찾는 회원들이 계속 늘어났고 법회도, 논교도 계속 번창하였다. 그런데 2학기 종강을 하고 이틀 후 월요일이 되면 학기말 시험이 시작되는 1967년 12월 9일 토요일, 어머니의 갑작스러운 발병(급성 위천공)과 긴급수술에 이은 2주간의 입원. 병원에서 어머니의 곁을 떠날 수 없었던 나는 기말시험을 단 한 과목도 치르지 못했다. 한두 과목도 아닌 모든 과목의 교수들을 일일이 찾아다니며 사정을 해볼 엄두가 나지 않았다. 더구나 나는 아무 학점이나 나오기만 하면 되는 처지가 아니었다. 졸업 후 법대 학사 편입 자격을 얻기 위하여서는 A 아니면 B를 받아야 했다. 할 수 없이 이듬해 1학기를 휴학하고 2학기에 복학하여 3학년 2학기를 다시 다니기로 했다.

• 휴학

1968년이 되어 예정대로 1학기 휴학원을 제출했다. 어머니의 병세는 날이 갈수록 심해졌다. 수술로 위 천공은 완쾌되었으나 이어서 위염, 위궤양, 대장염, 간염, 심지어 췌장염까지 (기억이 나지 않는 것도 있다) 거의 모든 내장을 돌아가며 염증이 이어졌다. 한 군데의 염증이 치료되면 곧바로 다른 장기에 염증이 나타났다. 거기에 천식(喘息)까지 더해졌다. 입원과 통원 치료가 반복되었다. 당시 혜화동 로타리에 있던 우석대학교 의과대학 병원(후에 고려대학교

의과대학 병원)에 입원하였다가 증세가 완화되면 퇴원하여 집 근처에 있는 개인병원에 다니면서 치료를 받았다. 통증이 아주 심하여 신음하며 괴로워하실 때는 밤낮을 가리지 않고 그 개인병원에 모시고 갔고 주사를 맞으면 얼마 안 지나서 통증이 가라앉곤 하였다.

한번은 자정이 지나 통행금지가 된 시각에 소리소리 지르며 힘들어하시기에 나 혼자서 그 개인병원으로 달려가 문을 두드리며 열어 달라고 고함을 쳤으나 아무 응답이 없었다. 병원이 의사의 개인 집을 겸하고 있었으므로 듣고서도 모르는 체하는 것이 분명하였으나 어떻게 할 길이 없었다. 부근에 있는 성북경찰서까지 뛰어가서 당직 경찰관에게 사정을 이야기하고 급히 우석대학 병원으로 어머니를 모시고 가야 하는데 통행금지로 택시가 다니지 않으니 도와 달라고 사정을 하였다. 돌아온 대답은 자기도 방법이 없다는 것이었다. 알아서 병원으로 모시고 가고, 도중에 통금 위반으로 단속되면 성북경찰서 당직 경찰관의 허가를 받고 가는 길이라고 대답하라고 하였다. 걱정을 안고 뛰어서 다시 집으로 돌아오니 어머니의 통증은 말짱하게 멎어 있었다. 그런 가운데에서도 다행이었던 것은 암으로 발전한 장기가 없었다는 것이다. 나는 그때만 해도 세계 모든 나라에 야간 통행금지가 있는 줄 알고 있었다. 그래서 나중에 기회가 온다면 야간 통행금지 시간 중의 응급의료 체계를 반드시 만들도록 하겠다는 다짐을 했다. 훗날 야간 통행금지 자체가 폐지되었고, 119 응급의료체계의 확립으로 그런 걱정이 해소된 것이 너무나 고맙다.

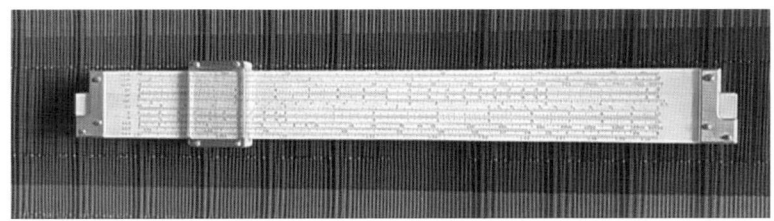

  5월 17일에는 휴학생 신분으로 서울공대가 주최한 제5회 전국계산척경기대회에 출전하여 개인 1등을 하고, 서울공대 단체팀은 육군사관학교 팀에 이어 2등을 하였다. 계산척(사진)은 컴퓨터의 등장으로 지금은 보기 어렵게 되었지만, 당시에는 엔지니어나 공대 학생들이 작업 현장이나 연구실에서 공학적 계산을 하기 위하여 반드시 사용해야 하는 필수품이었다. 나는 공학에는 취미와 적성이 없었지만 어떻게 된 셈인지 계산척에 있어서는 뛰어난 실력을 발휘하였고 그래서 교수와 학생들에게는 공부를 아주 잘하는 학생으로 인식되고 있었다.

・2차 하계 수행대회

  4월 6일 룸비니의 날에 새로운 대학부 회장이 취임하여야 하나 1년 후배인 66학번에서 회장을 내지 못하는 바람에 조보연 회장이 연임하게 되었다. 나에게는 총령(總領)이라는 거창한 이름의 직책이 주어졌으나 실제로는 지난해에 하던 일을 계속하였다.

  여름방학이 되자 회원들의 열화 같은 요청으로 지난해에 이어 보광사에서 수행대회를 열었다. 그 수행대회에 걸출한 대학 신입생들이 많이 참석하였는데, 특히 서울공대 기계공학과 1학년생인 최용

태 법도는 대학가에서 이미 널리 알려져 있다는 특유의 입담으로 쉬는 시간과 여흥시간을 완전히 사로잡았고, 서울문리대 물리학과 1학년 권오석 법도는 저녁 참선 때 법주님께서 '월하(月下)에 목계명(木鷄鳴)'이라는 화두를 주시자 다음 날 아침 화두를 풀었다고 하면서 그 화두는 '달밤의 목탁(木鐸) 소리'를 말하는 것이라고 하여 우리 모두를 웃게 하였다. 우리나라 물리학계의 태두 권영대 박사의 자제다운 재치였다.

황산덕 총장의 사모님 황이선 여사는 이틀에 걸쳐 금강경 강의를 해주심으로써 그 수행대회의 대미를 장식하였다. 둘째 날에는 강의가 길어져 날이 완전히 어두워져서야 끝났다. 택시를 대절해 놓기는 하였지만 밤길에 보광사에서 명륜동 자택까지 가시느라고 엄청 고생하셨을 것이다. 룸비니 회원들이 금강경 해설 강의를 처음부터 끝까지 들어본 것은 그때가 처음인 것으로 안다. 당시 강의를 들은 법도들은 평생 금강경을 가슴에 품고 산다.

• 복학, 3학년 2학기

연속되는 어머니의 병치레와 계속 늘어나는 병원비 부담을 위한 아르바이트에 시달리는 가운데에서도 시간은 흘러 2학기에 복학을 하게 되었다. 지난해 2학기에 수강하였던 과목 중 시험 없이 출결 상황만으로 A학점을 받을 수 있었던 1학점짜리 체육 한 과목을 제외하고 모든 과목을 재수강했다. 그리고 추가로 조선항공공학과의 김O천 교수가 가르치는 3학점짜리 한 과목을 신청했다. 과목 이름은 기억나지 않는다. 김O천 교수는 전혀 안면이 없던 분이다. 그 과목의 중간고사는 그럭저럭 보았으나 학기말 시험을 잘 보지 못해 재시험(再試驗)을 보라는 E학점을 받았다.

공대 교수들이 대체로 학점에 박(薄)하였지만 김O천 교수는 아주 인색하였다. 50명 정도의 수강생 중 3분의 1 가까이 E학점을 받았다. 인원이 많아서인지 재시험을 구두시험으로 치르겠다고 했다. 재시험 대상 학생들을 교수 연구실 밖 복도에 대기시키고 한 명씩 연구실로 들어오게 하여 구두시험을 보고는 내보냈다. 복도에서 기다리던 학생들은 나오는 학생들을 상대로 교수가 무엇을 물어보았는지를 물어보고 그에 대한 대답을 준비하고 있었는데, 김O천 교수는 구두시험을 마칠 때마다 학생에게 문제를 한 개씩 주고 OO일까지 그 문제를 풀어 제출하라고 하였다고 했다. 예외가 없었다.

나는 학번이 뒤쪽이기 때문에 거의 마지막에 불려 들어갔다. 그때까지 들어갔다가 나온 많은 학생들로부터 전수(傳受)를 받았기 때문에 구두로 묻는 질문에 하나도 막힘이 없이 대답을 잘했다. 김O천 교수는 아주 흡족한 표정을 지었다. 그러고는 됐으니 돌아가라고 하였다. 그래서 내가 "저에게는 문제를 안 주십니까?"하고 물었다. "자네는 안 해도 돼" 하고 대답하셨다. 유일하게 나 혼자만 문제 풀이를 면제받은 것이다. 그런데 나중에 성적표를 받아보니 그 과목에 'F'라고 찍혀 있었다. 재시험을 치른 학생 중 나만 'F'였다. 말이 안 되는 일이었다. 김O천 교수가 나에게는 문제 풀이를 면제해 준 것을 잊어버리고 문제 풀이를 제출하지 않았다고 'F'를 준 것이 분명했다.

연구실로 교수를 찾아갔다. 그리고 구두시험 당시의 상황을 자세히 설명 드렸다. "저에게는 문제 풀이를 하지 않아도 된다고 말씀하셨습니다"라고 말씀드리고 답변을 기다렸다. 한참 생각하시더니, 그런 일이 있었던 것 같기는 한데 집에 가서 잘 생각해 볼 테니 내일 다시 오라고 하셨다. 그다음 날 다시 연구실로 찾아갔다. 내가 앞에 서자마자 "내가 아무리 생각해봐도 그런 일이 없었어"라고 단호하게 말씀하셨다. 기억이 나지 않는다고 하는 것도 아니고 그런 일이 없었다고 잘라서 말하는 것이다. 어이가 없었다. 화가 치밀었으나 따져서 될 일이 아니었다. 그 전날 충분히 설명을 해드렸고 기억도 되살린 것 같았는데 갑자기 하룻밤 새에 바뀐 것은 학점을 고쳐줄 수 없다는 확고한 결심이 섰다는 것을 뜻하는 것이다. 더 이상 설명해야 들을 사람도 아니었고 아무 잘못도 없는 내가 사정을 할 일도 아니었다. "알겠습니다" 하고 그냥 나왔다. 다음 해에 재수강을 하게 된다.

학년말이 가까워졌을 때, 나중에 법대 학사 편입 후를 대비하여 중요한 법대 교과목을 미리 공부해 둘 필요가 있겠다는 생각이 들었다. 학사 편입을 하면 바로 3학년으로 들어가기 때문이다. 법대 다니는 친구 정진규에게 부탁하여 법대의 주요 교과목과 과목별 교과서 2종씩을 적어 받아 모두 구입하여 놓았다. 자신이 공부하기도 바쁜데 서울 법대에서 가르치는 교과서뿐

아니라 다른 학교의 교과서까지 알아보아 적절한 교재를 가르쳐 준 고마움을 잊을 수 없다. 내년에 4학년에 올라가서 읽기로 했다. 11월 23일, 대한상공회의소에서 제1회 계산척 기능검정시험을 실시하였다. 계산척 기능을 국가적으로 인정하기 위한 최초의 시험이었으므로 자격 취득을 위하여 최고 등급인 1급에 응시하였고 나를 포함한 3명이 1급에 합격하였다. 그 후 계산척의 사용이 줄면서 그 시험은 폐지된 것으로 안다.

- 4학년

1969년이 밝았다. 입학동기들은 졸업했고 나는 4학년이 되었다. 학점취득을 위한 전공과목 공부와 병행하여 지난해에 사 놓은 법학교과서로 법학을 독학하기 시작했다. 그런데 아는 사람에게 법학공부 하는 것을 들키고 싶지 않았다. 그래서 법학공부를 할 때면 나를 알아보는 사람이 아무도 없는 당시 용두동에 있던 서울사대 도서관을 주로 이용했다. 공대에서 나와 시내로 들어오는 길가에 있어 시간 절약이 되었고, 서울대학교 배지를 달고 들어가면 아무도 관심을 보이지 않았다. 법과대학에 편입하게 되면 아무래도 사법시험을 보아야 할 터인데 객관식 1차 시험 과목 중 영어가 몹시 어려워 성적이 잘 나오지 않을 뿐 아니라 과락을 하는 수험생들도 많다고 하였다. 법과대학에 편입하기 전에 미리 영어 공부를 해 놓는 것이 필요하다고 생각되어 4월에 종로에 있는 시사영어학원에 등록을 하고 일주일에 하루 또는 이틀씩 나가서 TIME지 해설과 어휘(vocabulary) 수업을 11월까지 들었다. 일생 최초로 다녀본

학원(學院)이다. 아침에 일어나면 공학 교과서와 법학 교과서를 함께 가방에 넣고 집을 나와 공릉동 공과대학으로 가서 수업을 마친 후 용두동 사범대학 도서관으로 가서 법학을 독학하고, 이어 과외 아르바이트를 하러 가거나 시사영어학원으로 가서 강의를 듣고 밤늦게 집으로 돌아오는 것이 당시 나의 기본적인 일과였다.

• 룸비니 창립 10주년 행사

4월 12일 토요일은 룸비니 창립 10주년이 되는 날이었다. 세종로에 있는 교육회관 강당을 빌려 기념행사를 개최하였다. 룸비니의 어른들은 물론 천주교의 노기남 대주교, 천도교의 최덕신 교령을 비롯한 타 종교의 지도자들과 외국인 축하객 등 내외 귀빈을 모신 자리에 수많은 중, 고, 대학생들이 행사장을 가득 메웠다. 앉을 자리가 없어 계단에 앉거나 서 있었던 참석자들도 많았다. 각 학교의 게시판과 시내 각 일간 신문에 홍보를 하기는 했지만 예상치 못한 인파였다. 내빈으로 참석한 천도교 교령과 주한 월남(멸망하기 전이다) 대사관 문정관의 축사에 이어 청담 대종사, 황산덕 총장의 인사 말씀이 있었고, 고등부와 대학부의 간부 취임식이 있었다. 2년간 대학부 회장을 맡았던 조보연 법도의 후임으로 서울공대 건축공학과 3학년 임승빈 법도가 취임하였다. 나도 그 행사를 끝으로 룸비니의 직책을 벗어놓게 된다. 축사를 하였던 천도교 교령은 교령이 되기 전에 외무부장관, 주서독대사 등을 역임하였는데, 교령을 지낸 후 미국으로 이주하였다가 북한으로 탈출하여 북한 고위직을 지냄으로써 룸비니 회원들을 크게 실망시켰다. 여름방학에 또 보광사에서 하계 수행대회를 열었고 내가 참가한 수행대회는 그것이 마지막이 된다.

• 재수강 일화(逸話)

2학기 수강 신청을 할 때 작년 2학기에 F 학점을 받은 김O천 교수의 과목을 재수강 신청했다. 그리고 그 교수가 분명히 기억해 낸 것으로 보이는 나의 구두시험 상황에 대해서 왜 그런 일이 없다고 딱 잡아떼었을까 생각을 해보았다. 당시 성적표에 F가 찍힌 것을 보고 찾아가 이의를 제기했을 때 교수는 분명히 자신의 실수를 인지한 것으로 보였다. 그런데 이미 성적표에 찍혀 나온 학점을 수정해 주려면 교수가 학교 당국에 사유서를 제출하여야 할 것이다. 교수로서는 체면이 구기는 일이고 어쩌면 오해를 받을 수도 있을 것이다. 그래서 학점을 수정해 주지 않기로 결정했고, 그러다 보니 그런 일이 없었다고 딱 잡아떼는 방법을 택하였을 것이라는 결론을 내렸다. 그렇다면 나도 거기에 맞는 대응을 해야겠다고 생각했다. 수강 신청만 해 놓고 한 번도 출석하지 않았다. 중간고사는 물론이고 학기말 고사도 치르지 않았다. 교수를 찾아가서 이야기하지도 않았다. 교수도 출석하시 않는 나에게 연락한 일이 없었다. 그렇게 대학 생활이 끝나고 최종 성적표가 나왔다. 그 교수의 과목에 'B'가 찍혀 있었다. 다행히 전(全) 학년 학점 평균도 근근이 B를 넘겨 법과대학에 학사편입원서를 제출할 수 있게 되었다. 어머니도 이제는 더 이상 법대 편입학을 반대하지 않으셨다. 공대 졸업 후 법대에 학사편입을 하겠다는 나의 결심을 알고 계셨지만,

아마 공대 졸업을 하게 되면 스스로 편입을 포기하리라고 생각하셨을 것이다. 그러나 이제는 나의 결심을 되돌릴 수 없다는 것을 알게 되신 것이다.

• 제11회 사법시험 1차 합격

대학 생활 막바지에 이른 12월에 신문에서 제11회 사법시험 시행 공고를 보았다. 객관식인 1차 시험을 한번 치러보고 싶은 생각이 들어 가족 이외에는 아무도 모르게 1차 시험 응시원서를 제출하고 객관식 시험 위주의 공부를 시작했다. 1970년 2월 1일 실시된 1차 시험에 합격했다. 2차 시험은 2월 25일부터 28일까지 4일간 치른다고 했다. 2차 시험은 준비도 안 되어 있는 데다가 시험 날까지 한 달도 채 남지 않아 합격은 언감생심 기대할 수 없는 일이었으나 그 시험을 안 보더라도 1차 시험 합격에 따른 2차 시험 2번의 기회 중 1번의 기회가 날아가는 것은 마찬가지니까 연습으로라도 한번 치러보고 싶었다. 그런데 학사편입원서를 접수한 법과대학으로부터 2월 27일 오전 10시에 편입시험을 보러 오라는 통지를 받았다. 교무과장(교수)을 면담하여 사정을 설명하고 편입시험 날에 사법시험 2차를 먼저 치르고 시험이 끝나는 대로 바로 편입시험 장소로 가겠으니 늦게라도 시험을 볼 수 있도록 하여 달라고 간청하였다. 한참을 생각하더니 다른 지원자들도 있기 때문에 아무래도 안 되겠다고 답변하셨다. 오래전부터 마음먹었던 법대 학사편입을 택할 것이냐, 엉겁결에 볼 자격을 얻은 사법시험 2차를 치를 것이냐의 갈림길에 섰다. 그때 역술인의 예언이 떠올랐다. 금년 들어 세는 나이로 스물다섯이 되었는데 7월에는 사법시험이 없을 것이니까 혹시 역술인이 예언한 7월이 2월로 앞당겨질 수도 있지 않을까 하는 막연한 환상에 사로잡혔다. 편입시험을 포기하고 사법시험 2차에 응시했다. 2월 26일 열린 공대 졸업식에도 참석하지 못했다.

3월 31일, 33명의 11회 사법시험 합격자가 발표되었다. 나는 7개 과목 중 한 과목에서 과락이었고 평균 점수는 51.42였다. 합격과는 거리가 먼 성적이었지만 다음번에 다시 보게 될 시험을 위한 소중한 경험을 했다. 그 시험에 서울공대 2년 선배 한 분이 합격을 해서 대대적으로 뉴스를 탔다. 서울공대 출신으로 사법시험 공부하는 사람은 나 밖에는 없을 것이라고 믿고 있었는데 나 같은 사람이 또 있었구나 하고 깜짝 놀랐다. 11년 전에 이미 합격하여 검사로 재직 중인 서울공대 선배가 있다는 사실은 나중에 알게 된다. 그러나 이제 역술인의 예언은 잊어야 했다. 스물다섯 살 합격은 아니구나 했다. 학생 신분도 끝났으므로 백수가 됐다. 다음 해 2월까지 기다려 법대 학사편입을 하거나 다시 한번 2차 시험을 치르거나 해야 한다. 모든 것을 접고 일단 쉬기로 했다.

• 제12회 사법시험 합격

그런데 겨우 한 달 정도 쉬고 있을 때인 5월 6일, 느닷없이 제12회 사법시험 시행공고가 났다. 시험 제도도 일부 바꾼다고 했다. 지금까지 과락 없이 평균 60점 이상이면 합격시키던 점수제에서 정원제로 변경하며, 3차 면접시험을 신설한다는 내용이었다. 그리고 시험은 해마다 한번 실시하되, 제도를 개편한 금년에만 정원을 50명으로 하여 시험을 한 번 더 본다는 것이다. 내가 치러야 할 2차 시험은 7월 13일부터 16일까지라고 했다. 7월에 2차 시험을 본다고! 가슴이 뛰었다, 바로 이 시험을 말하는 것이었구나! 시험까지 남은 기간은 두 달. 하늘이 준 기회를 놓칠 수 없다는 각오로 혼신의 힘을 기울였다. 시험공부를 하면서 매일 2시간씩 별도로 시간을 잡아 1과목씩 돌아가면서 기출문제를 가지고 정식 시험과 똑같은 방식으로 답안작성 연습을 하였다.

 1과목당 2문제를 2시간에 논문식으로 서술하는데 배점은 1문제당 50점씩이었다. 학교 시험에서는 2문제가 나올 때 그중 1문제만 아주 잘 쓰면 학점이 잘 나오기도 한다. 그런데 사법시험에서는 정확하게 50점씩이므로 한 문제를 아무리 잘 써도 나머지 한 문제를 시간 부족으로 손도 못 대거나 쓰다가 말면 과락을 면할 수 없다. 그래서 2문제의 시간 배분을 적절히 하는 연습이 반드시 필요하다고 생각하였다. 연습한 답안지가 집안에 쌓였다. 4일간 2차 시험을 치렀고, 드디어 8월 22일 중앙청 앞 정부게시판에 붙여 놓은 50명 합격자 명단에 '3151 채방은'이 올라와 있었다. 평균 62.50점, 5개월 전 치른 시험보다 11점 오른 성적이었다. 50명의 커트라인은 60.50점이었다. 점수제에서 정원제로 변경함으로써 커트라인이 60점 아래로 내려가리라는 예상이 많았는데 오히려 많은 수험생이 60점 이상을 받고도 불합격한 것이다.

 정원제로 인하여 합격자의 수준이 떨어질 것이라는 일부의 우려를 불식시키기 위하여, 출제위원들이 채점을 약간 후하게 한 것이 아니냐고 이야기를 하는 사람들도 있었지만, 60점 이상을 다 합격시켰다고 하더라도 1956년 고등고시 8회 사법과, 1961년 고등고시 13회 사법과, 1967년 사법시험 8회에서 나온 80명 내지 100명 이상의 합격자 숫자에는 미치지 못하였을 것이므로 그 이야기는 설득력이 부족하다. 8월 27일 실시된 3차 면접시험에서 면접위원으로 나오신 이항녕 교수로부터 과분한 칭찬과 격려를 받았고, 8월 31일 발표된 최종 합격자 49명 명단에 내 이름도 있었다. 세는 나이 25살, 음력 7월 30일이었다.

• 룸비니 회관 법경(法京) 건립

그 이전까지 사법시험 합격자들은 바로 2년제 서울대학교 사법대학원에 입교하여 석사과정 교육을 받았다. 그런데 정부에서 사법시험 제도를 개편하면서 사법대학원을 폐지하고 그에 대신하여 대법원 산하에 2년제 사법연수원을 설치한다고 하였다. 신설되는 사법연수원은 다음 해 1월에 개원 예정이라고 하였으므로 제12회 사법시험 합격자들에게는 4개월간의 공백 기간이 생겼다. 그 당시 룸비니의 법주님은 장소를 빌려 쓰고 있는 대각사를 떠나 독자 회관을 건립할 계획을 세우고 부지 물색과 신축기금 마련을 준비하고 있었다. 한편, 조보연 법도는 의대 본과 4학년 2학기를 맞아 학업이 거의 마무리되어 다음 해 대학병원 인턴으로 들어갈 때까지 상당한 자유시간이 생겼다고 했다.

법주님이 아주 기뻐하시면서 조보연 법도와 나에게 기금 모금

업무를 하라고 하셨다. 법주님의 지시에 따라 당시 〈중앙일보〉 사장으로 계시던 홍진기 룸비니 총재를 찾아갔다. 홍진기 총재는 본인의 명함 뒷면에 자필로 인사말을 쓰고 날인까지 한 소개장 10매 정도를 우리에게 주셨다. 조보연 법도와 나는 명함에 기재된 분들을 한분 한분 방문하기 시작했다. 홍진기 총재의 학교 동문, 비슷한 연배의 친구 등이었다. 임석춘 한국상업은행장이 제일 앞에 이름을 올렸다. 몇 분이 그 뒤를 이었다. 사정이 어렵다며 거절하는 분도 계셨고 문전축객을 당한 일도 있다. 동양시멘트 이양구 회장은 집으로 찾아오라고 했다. 조보연 법도와 나는 저녁을 먹고 어둑어둑해졌을 때 댁으로 찾아갔다. 대저택이었다. 응접실에서 이양구 회장과 사모님이 우리를 반갑게 맞아주셨다. 홍진기 총재의 명함을 건네고 용건을 말씀드리자 참 좋은 일 한다고 하시고는 우리들의 신상과 룸비니에 관하여 상세히 물어보신 다음 당신이 살아오신 이야기를 죽 하셨다. 한참의 시간이 흘렀고 밤이 깊었다. 용건에 대해서는 나중에 답해주겠다고 하시고 우리를 배웅하셨다. 방문의 목적은 이루지 못하였으나 한 성공한 기업인의 인생 강의를 들은 것은 큰 추억으로 남는다.

1971년 1월, 신설된 사법연수원에 입교하였다. 조보연 법도는 서울대학교 병원의 인턴이 되었다. 두 사람 모두 모금업무를 마감할 수밖에 없었다. 회관 건립은 순조롭게 진행되었다. 부지를 구입하였고 그해에 건축공학과를 졸업한 임승빈 법도가 회관설계를 책임졌으며, 서울법대를 졸업한 권남혁 법도가 때마침 제13회 사법시험에 합격하여 사법연수원에 입교할 때까지 공백 기간이 생기게 되자 회관 건축의 감독을 맡아 모든 일이 성공적으로 수행되었다. 드디어 1971년 10월 3일, 종로구 운니동 88번지에 룸비니 회관 '법경(法京)'이 준공되었다.

• 룸비니 여담(餘談)

룸비니를 창립한 이홍철 법주와 룸비니의 활동에 대하여 사단법인 룸비니 발행(2022) 《LUMBINI 60년사》를 참고하여 간단히 소개하고자 한다.

이홍철 법주는 우리나라 청소년 불교 운동의 선구자이다. 1923년 평안북도 의주의 유복한 가정에서 태어나 평양고등보통학교를 거쳐 일본에서 수학하다가 태평양전쟁 말기 학업을 마치지 못하고 귀국하였다. 해방 후 공산당의 핍박을 견딜 수 없어 1947년 2월 2일 양양 낙산사(38선 이북으로 당시는 북한 땅이었다)에서 밀선(密船)을 타고 죽도(竹島) 해안에 도착하여 남한으로 탈출하였다. 기독교 집안에서 자랐으나 학생 때부터 불교에 심취하였던 이홍철은 오대산 월정사를 찾아 방한암 스님 밑에서 수행하다가 6·25전쟁이 발발하자 부산 범어사로 피난하였다. 동산(東山) 스님 아래에서 수행하던 중 그곳에서 청담(靑潭)스님을 만나 일생일대의 인연을 맺게 된다. 한때 출가도 생각했으나 청담스님의 지도와 감화로 청년 불교 운동에 일생을 바치기로 원(願)을 세운다. 휴전 후 상경하여 종로구 봉익동에 있는 3·1운동 때 민족대표 33인 중 한 분인 백용

성 스님이 창건한 대각사에 자리를 잡고 '이 한 생(生) 안 태어난 셈 잡고 부처님 일을 하다가 가는 것이 이번 생에서 할 일'이라는 신조로 중고등학교가 밀집하여 있는 종로 일대를 돌아다니며 인연이 될 것 같아 보이는 중고등학생들을 붙잡고 뺨을 잡아 흔들며 대각사에 나오라고 권유하여 불법을 전파하기 시작하였다.

당시 상황은 불교계의 비구·대처 분쟁이 지속되고 있었고 불교 통합종단인 대한불교조계종이 성립되기 전으로서 국민들, 특히 청소년층의 불교에 대한 인식이 아주 부정적이던 시절이었다. 이홍철 법주는 학생들에게 그 당시 눈에 보이는 불교의 모습은 진정한 부처님의 가르침에 따른 것이 아니라고 하면서 '누구나 마음을 깨치면 부처가 될 수 있다'고 설법하여 깊은 감명을 주었다. 중고등학생들과 일부 대학생이 서서히 모이게 되자 석가모니 부처님의 탄생지에서 이름을 딴 학생불교단체 '룸비니'를 1959년 4월 7일 대각사에서 창립하게 된다. 영원한 스승이신 청담 스님을 총재로, 평양고보 선배이자 독실한 불교 신자이고 서울법대 교수인 황산덕 박사를 총장으로 모셨다.

룸비니는 어떤 종파에도 속하지 않고 오직 부처님의 가르침만을 따르는 '통불교(通佛敎)'를 중심 이념으로 삼고, 불자로서 단순히 개인 수양에 그치지 않고 현실 이곳에서 부처님의 가르침을 실천하여 모든 중생과 함께 잘 사는 사회를 만들어야 한다는 실천 의무를 강조하였으며, 어린 학생들에게 부처님의 가르침을 쉽게 전달하기 위해 반야심경, 금강경, 법화경 등의 요체를 한글로 번역한 법요집을 만들어 법회 때 독송하도록 하였고, 의식을 대폭 간소화하여 젊은 학생들에게 거부감이 없도록 하였다. 이홍철 법주는 실로 한국 현대불교사에서 청소년 불교 운동의 선구적이고 혁신적인 역할을 한 인물이라고 할 것이다.

1968년에는 황산덕 총장이 동갑 친구이자 경성제대 1년 선배인 홍진기 〈중앙일보〉 사장에게 함께 룸비니를 지도하자고 권유하여 총재로 모시게 되었다. 총재이던 청담스님은 총정(總正)으로 명칭을 바꾸게 된다. 1971년 청담스님이 입적하자 후임 총정으로 해인총림 방장으로 계시는 성철 스님을 모셨고 룸비니 회원들은 단체로 또는 개인적으로 해인사 백련암으로 성철 스님을 친견하곤 하였다. 룸비니는 1971년 종로구 운니동에 법경(法京)이라는 이름의 자체 회관을 건립하고 오랫동안 정든 대각사를 떠났다. 1986년 홍진기 총재, 1989년 황산덕 총장, 1993년 성철 총정이 차례로 입적하신 후 스님이나 외부 인사를 더 이상 지도부에 모시지 않았다. 1992년 법인으로 전환하여 '사단법인 룸비니'가 되었고 초대 이사장으로 조보연 서울의대 교수가 취임하였다. 룸비니는 창립 이래 지금까지 매주(초기에는 토요일, 현재는 일요일) 법회를 단 한 번도 거르지 않고 활동해 온 독보적인 학생불교단체이자 재가불자 신행단체이다. 초기의 학생 회원들은 모두 사회인이 되었고 많은 회원은 은퇴까지 하였지만 계속하여 룸비니 활동에 참여하고 있다.

이홍철 법주는 나이 80이 넘은 2004년 룸비니 회원 10여 명과 함께 인도의 불교 8대 성지순례를 한 것을 시작으로 3회의 성지순

례를 하여 평생 가지고 있던 큰 원을 이루었고, 개인 명의로 예금하여 두었던 6억 원을 3회에 나누어 동국대학교에 기부하였으며 그 외 나머지 재산 모두를 사후(死後) 사단법인 룸비니에 기증한다는 유언 증서를 작성하였다. 자신이 입적하게 되면 자신을 이름으로 기억하지 말고 '이름 없는 한 전설적 인물'이 다녀갔다고만 말해 달라고 하였다. 보관하던 모든 사진과 자료를 손수 폐기하였고 사후(死後)에 본인에 대한 어떤 기념물도 남기지 말라는 당부를 했다.

 2015년 7월 건강이 악화되어 간암 판정을 받았고 8월 5일 조보연 이사장이 서울의대 교수 퇴직 후 근무하는 중앙대학교 병원에 입원하였다. 일체의 수술과 항암치료를 마다하고 세속의 연을 마칠 때까지 그 크나큰 고통을 감내한 4개월 보름간의 언행(言行) 제절(諸節)은 장엄한 수도자의 모습 그대로였다. 12월 20일 새벽 세는 나이로 93세에 편안한 모습으로 입적하였고, 위패에는 본인의 뜻에 따라 이름을 쓰지 않고 '佛子 久遠工 靈駕'(불자 구원공 영가)라고 적었다. 귀한 사람을 칭하는 공(公)이 아니라 어떤 것을 이루기 위해 노력했던 사람이라는 뜻의 장인(匠人) 공(工)을 쓴 것이다. 그리고 유언에 따라 화장을 한 후 북한에서 탈출하여 최초로 상륙한 죽도암 앞바다 멀리 떨어진 곳에 배를 타고 나가서 산골(散骨)하여 이 세상에 살았던 흔적을 지웠다.

 회원들은 단체로 또는 개별적으로 때때로 그곳을 찾아 상상 속의 천해탑(天海塔, 이흥철 법주가 생전에 작명)을 참배하고 온다. 그곳 바다 밑에서부터 하늘까지 탑이 솟아있다고 상상하면서…. 진실로 이홍철 법주는 우리들에게 죽음을 어떻게 준비하고, 어떻게 맞이하여야 하는지를 몸소 보여주신 분이다. 조보연 이사장은 법주의 마지막 모습을 이렇게 표현했다. '흉내 내기 어려운 진정한 수행자의 모습을 보여주신 법주님. 법주님은 소리에 놀라지 않는 사자처럼 평생 흔들림 없이 깊은 신심과 대원력(大願力)을 갖고 자기 삶의 주인공으로 사셨으며, 그물에 걸리지 않는 바람처럼 무아(無我), 무애(無碍)의 대자유인으로, 진흙에 물들지 않는 연꽃처럼 깨끗한 수행자의 삶을 사셨던 가장 존경스러운 스승님입니다.' 이홍철 법주의 입적 후 사단법인 룸비니는 2대 이사장으로 홍석조를 선출하였고, 회두(會頭) 조보연, 회장(會長) 홍석현, 법도회 대표 이숭원 체제로 계속 발전하여 가고 있다.

2부
서소문에서 앤아버까지

•••••

사법연수원 시절
서울지방검찰청 검사
춘천지방검찰청 원주지청 검사
서울지방검찰청 성북지청 검사
대구지방검찰청 검사
미국 미시간대학교 로스쿨
서울지방검찰청 검사 II

사법연수원 시절

(1971. 1. 1. - 1972. 12. 31.)

• 사법연수원 입교(入校)

사법시험 12회 합격자 49명은 1971년 1월 신설된 사법연수원에 2기(期)로 입소하였다. 종전의 서울대학교 사법대학원을 대체하여 사법시험 합격자를 입소시켜 2년 동안 실무 연수시키는 대법원 산하 교육기관으로 설립되었으나 사법대학원과 달리 석사학위 과정은 없었다. 11회 합격자 33명은 서울대학교 사법대학원에 1년을 다녔으므로 사법연수원 2학년으로 편입하여 1기(期)가 되었고, 1년 후 연수원을 수료하면서 사법대학원에 석사학위 논문을 제출하고 법학 석사 학위를 받았다. 그리고 사법대학원은 완전히 폐지되었다. 사법시험 합격자는 사법연수원의 2년 과정을 마친 후 졸업시험에 합격하여야 변호사 자격을 취득할 수 있었다. 졸업시험에 합격하지 못하면 유급이 되어 한 해 더 다니고 다시 시험을 보아 합격해야 했다. 초기에는 유급자가 없었으나 후에 사법시험 합격자 수가 급

격히 증가하면서 한 기(期)에 여러 명의 유급자가 나오기도 하였다.

사법연수원생들은 법원공무원 신분을 가지고 1학년 때는 초임 사무관 월급을, 2학년으로 올라가면 1년차 서기관 월급을 받았다. 행정고시(5급 공개경쟁 채용시험) 합격자들은 이에 대해 불만이 많았다. 자기들은 사무관에서 서기관으로 승진하려면 수년이 걸리는데 사법시험 합격자들은 1년 만에 서기관 대우를 받는 것이 부당하다고 불평을 하였다.

초대 사법연수원장은 기세훈 서울고등법원장이 겸직하였고, 1기생 담임은 조언 부장판사였으며, 2기생 49명은 두 반으로 나뉘어 25명인 1반은 이회창 부장판사가, 24명인 2반은 오성환 부장판사가 각 담임을 맡았다. 나는 이회창 부장판사의 1반에 배치되었다. 담임 3분은 모두 고등고시 8회 출신으로 동기 중 선두로 부장판사 승진을 한 사법부의 엘리트들이었고, 이회창 부장판사는 미국 하버드대 로스쿨에서 연수를 마치고 막 귀국한 분이었다. 원장과 3분의 담임은 실력 면에서나 인격 면에서 모든 원생의 존경을 받았다. 기세훈 원장은 그 자리를 끝으로 퇴직하였고 조언 부장판사는 후에 사법연수원장까지 승진한 후 퇴직하였으며 이회창, 오성환 부장판사는 모두 대법관을 지냈고, 특히 이회창 부장판사는 감사원장과 국무총리를 역임한 후 대통령선거에 3번 출마하였으나 아깝게 뜻을 이루지 못했다.

입교 첫해인 1971년에는 심화된 법이론 교육에 병행하여 실무수습을 받았고 법학뿐 아니라 여러 분야의 전문가들을 초빙하여 강의를 들었다. 학부(學部)에서 법학 강의를 들어보지 못한 나로서는 모든 과목과 모든 강의가 흥미로웠다. 수업이 끝난 후에는 원생들 몇 명과 어울려 복습 및 사례 연구를 하고 헤어지곤 하였다. 별정직 공무원으로서 국가로부터 월급을 받게 되었으므로 대학 시절 내내 하여 오던 아르바이트는 그만두었다. 사실 사법시험에 합격한 이후에도 생활비를 마련하기 위하여 사법연수원에 입소하기 직전까지 4개월간 계속 중고등학생들을 상대로 아르바이트를 하고 있었다. 나에게 과외를 받으려고 하는 학생들이 줄을 서고 있었다. 그 생활이 지겹게 느껴질 때도 있었으나 어쩔 수 없었다. 아르바이트 생활이 드디어 끝나고 국가로부터 받는 월급은 모두 어머니에게 가져다 드리고 나는 용돈을 받아서 썼다.

- 검사 시보(검사 직무대리)

2학년에 올라가 법원, 검찰, 변호사 사무실에 파견되어 근무하는 시보(試補, 실무수습) 생활이 시작되었다. 판사 시보 4개월, 검사 시보 2개월, 변호사 시보 1개월이었다. 나는 검사 시보를 먼저 하고 그 다음에 판사 시보, 변호사 시보의 순서로 하게 되었다. 시보를 하는 기관은 연수원에서 정하여 주는데 나는 서울지방검찰청 인천지청으로 지정되었다. 인천시는 당시 경기도에 속한 시(市)였으나 경기도청이 서울에 있었기 때문에 서울지방검찰청 인천지청이 되었다. 서울에서 시보 하기를 희망하는 연수생들이 대부분이어서 기혼자들이 수도권에 우선 배치되고 미혼자나 연소자는 대체로 지방으로 내려가게 될 것으로 예상되었다. 나는 49명 중 연장자순으로

39번이어서 나이도 비교적 적고 미혼이었으므로 지방으로 내려갈 각오를 하고 있었는데, 의외로 수도권인 인천으로 배치된 것이다. 담임인 이회창 부장판사가 어머니를 모시고 있는 나의 사정을 고려하였던 것으로 짐작된다.

당시 나는 서울 정릉동에 살고 있어서 매일 인천으로 출퇴근하는 것이 불가능했다. 전철이 생기기 전이었다. 문성초등학교를 다닐 때의 선생님 한 분이 당시 인천의 초등학교 교사로 근무하고 계셨는데 학부모 한 분을 소개하여 그 집에서 하숙하게 되었다. 나는 그 집에서 출퇴근 하면서 주말이나 공휴일이 되면 서울 집을 다녀갔다.

인천지청에는 김달형 지청장과 이준승 부장검사 외 검사 6분이 계셨다. 연수원 2기에서 나와 최병학 선배(서울대학교 4년 선배)가 함께 시보를 하였는데 우리 2명의 지도검사는 이준승 부장검사였다. 국회 법제사법위원회 전문위원을 지내고 오신 분이었다. 검사 시보는 단순히 실무 수습을 받는데 그치는 것이 아니라 검사 직무대리로 발령을 받아 형사 단독사건(법원에서 판사 한 사람이 재판할 수 있는 사선)을 자신의 이름으로 직접 수사 및 결정을 한다. 합의부 사건(판사 세 사람으로 이루어진 합의부에서 재판하는 사건)만 처리하지 못한다. 부장검사로부터 사건 배당을 받아 피의자를 직접 신문하고 참고인과 증거를 조사하여 기소, 불기소 등을 직접 결정하였다. 결재를 올리기 전에 미리 지도검사의 지도를 받았다. 지도검사인 이준승 부장검사는 다른 업무가 많기 때문에 실무 지도는

1호 검사인 강원일 검사에게 받으라고 하였다. 그래서 나와 최병학 선배는 사건의 수사와 결정에 있어서 강원일 수석검사의 지도를 받았다.

• 말 잘하는 사람은 사기꾼이야

강원일 검사는 능력과 인품, 자세가 모두 뛰어난 분으로 그 후 내가 검사가 된 다음에도 여러 번 같이 근무할 기회가 있어 많은 것을 배웠다. 입회서기도 없이 모든 사건을 직접 조사하면서 불구속 사건은 물론 구속사건까지 1주일에 2~3건씩 배당받아 바쁘게 일했다. 사기죄로 구속된 피의자를 배당받았을 때의 일이다. 해외에서 하는 사업에 투자를 하면 큰 이익을 얻을 수 있다고 피해자에게 거짓말을 하여 돈을 편취하였다는 혐의였다. 피의자는, 거짓말을 하였던 것이 아니고 사업을 하다 보니 생각대로 되지 않았을 뿐이라고 범의를 극구 부인하였다. 그러면서 해외에서 하던 사업의

내용과 실패하게 된 경위를 구구절절이 설명하였다. 그럴듯하였다. 그 변명이 사실이라는 증거도 없었지만 해외에서 일어난 일이기 때문에 거짓이라는 것을 증명할 서류나 물증도 없었다.

강원일 검사에게 사건의 내용과 피의자의 주장을 설명하고 피의자가 하도 말을 잘해서 사기의 범의가 있는지 확신하기 어렵다고 하였다. 그러자 강원일 검사는 "그 사람 거짓말쟁이구먼, 말 잘하는 사람은 사기꾼이야"라고 단칼로 잘라 말씀하셨다. "말 잘하는 사람은 사기꾼이다" 그 말 한마디에 자신을 얻어 구속기소하였다. 나중에 법원에서도 유죄가 선고되었다. "말 잘하는 사람은 사기꾼이다"-내가 평생 잊지 못하는 말이 되었다. 구속된 사람을 무혐의 또는 기소유예로 석방할 때는 더욱 큰 보람을 느꼈다. 강제집행면탈죄로 구속 송치된 젊은이 한 사람을 무혐의로 석방하는 날, 그 부모가 찾아와서 "앞으로 검사님이 법무부장관이 되도록 매일 기도 하겠습니다"라고 감사 인사를 할 때는 빈말인 줄 알면서도 기분이 정말 좋았다. 검사 시보를 끝내고 연수원으로 돌아왔을 때 다른 검찰청에 시보로 갔던 연수생들과 비교하여 보니 전국에서 가장 많은 사건을 처리하였다는 사실을 알게 되었다.

• 판사 시보

판사 시보는 서울지방법원에서 하였다. 검찰과 달리 법원은 서울에 재판부가 많기 때문에 희망하는 연수생은 모두 서울에서 판사 시보를 할 수 있었다. 검찰에서는 검사 직무대리로서 직접 사건을 처리할 수 있었지만 판사 시보는 소속된 재판부에서 수습을 받는 것이지 직접 재판에 관여할 수는 없다. 4개월의 수습 기간 중 2개월은 형사부에, 2개월은 민사부에 배속되어 수습을 하였다. 판사실에 책상을 놓고 판사들과 함께 근무하면서 부장판사나 판사가 이미 종결된 사건이나 진행 중인 사건의 기록을 주고 판결문을 작성하여 보라고 하면 작성하여 제출하고, 이를 수정받으면서 지도를 받게 되는 것이다. 형사부에서 수습을 할 때 상해치사로 구속기소되어 재판 진행 중인 사건의 기록을 읽고 판결문을 작성하여 보라는 지시를 받고 기록을 면밀히 검토한 후, 상해와 사망 사이에 인과관계를 인정할 증거가 충분치 않다는 결론을 내리고 상해 부분만 유죄이고 치사 부분은 무죄라는 판결문 초고를 작성하여 제출하였더니, 법정에서 내가 제출한 초고대로 판결이 선고되었다. 감격스러웠다. 그때의 재판장 박충순 부장판사는 내가 훗날 국회 법제사법위원회 전문위원으로 가게 되었을 때 대전에서 당선된 국회 법제사법위원회의 위원으로 있어 다시 만나게 된다.

• 변호사 시보

변호사 시보는 서울에 있는 이용훈 변호사 사무실에서 하였다. 이용훈 변호사는 서울지방검찰청 공안부장으로 근무하다가 퇴직한 원로 법조인으로 강직하기로 널리 알려진 분이었다. 진행 중인 사건의 기록을 주면서 준비서면, 변론서, 항소이유서, 상고이유서 등을 작성하여 보라고 하면 작성하여 제출하고 지도를 받았다. 이용훈 변호사는 한국전력(주)의 고문변호사를 맡고 있어 한국전력이 원고나 피고가 된 민사사건을 여러 건 수행하고 있었다. 한번은 한국전력의 퇴직자들이 회사를 상대로 제기한 소송의 1심과 2심에서 한국전력이 패소하여 대법원에 상고하였는데, 그 상고이유서를 작성하여 보라는 지시를 받았다. 퇴직자들이 제기한 소송은 정당한 퇴직금을 받지 못하였으니 추가 금액을 지급하라는 내용이었다. 당시 한국전력의 취업규칙(또는 근로계약)에는 퇴직 전 3개월간의 월평균 급여액에 근무연수의 2배를 곱한 금액을 퇴직금으로 지급하게 규정되어 있었는데, 회사에서는 각종 수당을 제외한 본봉을 월급여액으로 보고 이에 근무연수의 2배를 곱한 금액을 퇴직금으로 산정하여 지급하고 있었다. 그런데 대법원 판례는 퇴직금 산정의 기준이 되는 월급여액은 본봉과 각종 수당을 합한 금액으로 하여야 한다고 되어 있었다. 따라서 한국전력 퇴직자에 대한 퇴직금 산정이 대법원 판례에 위반된다는 이유로 1,2심 모두 회사가 패소한 것이었다. 대법원에서 뒤집기가 어려워 보였다.

그러나 무엇이건 상고이유가 될 만 한 거리를 찾아야 했다. 근로기준법에는 퇴직 근로자에 대하여 퇴직 전 3개월간의 월평균 급여액에 근무연수를 곱한 금액 이상을 퇴직금으로 지급하여야 한다고만 규정되어 있었다. 한국전력에서는 각종 수당 등을 제외한 본봉만을 급여액으로 인정한 대신 근무연수의 2배를 곱하여 퇴직금으로 산정하여 왔던 것이다. 이 점에 주목하였다. 회사의 퇴직금 산정 기준이 되는 월급여액 인정 방식이 대법원 판례에 위반되기는 하나, 그 금액에 근무연수의 2배를 곱한 금액을 퇴직금으로 지급하므로 그 지급액이 각종 수당을 포함한 월급여액에 근무연수를 곱한 금액을 초과하게 되어(원고들 모두에 대하여 초과하였다) 이는 근로기준법에서 정한 퇴직 금액을 상회하므로 적법하다는 논리를 내세워 상고이유서를 작성하였고, 이용훈 변호사는 그대로 대법원에 제출하였다.

변호사 시보를 마치고 연수원을 수료하고도 한참 지난 훗날, 판례 월보를 보니 대법원에서 그 사건의 원심판결이 파기환송 되었고 파기 이유는 내가 작성한 상고이유와 동일하였다. 시보 시절에 대법원 판례 하나를 만들어 낸 셈이다. 기뻤고 보람을 느꼈다. 나중에 그 판례는 여러 차례의 법령 개정을 거쳐 과거의 것이 된다. 이용훈 변호사는 그 후에 법무부차관으로 기용되었고 이어서 법제처장, 국회의원으로 활동하였다.

• 연수원 수료

변호사 시보까지 마치고 다시 사법연수원으로 복귀하여 후반기 마무리 수업을 하는 도중 1972년 10월 17일 박정희 대통령의 시월유신(十月維新)이 선포되었고, 뒤이어 헌법개정안에 대한 국민투표를 거쳐 유신헌법이 공포되었다. 연수원 졸업시험이 눈앞에 다가왔다. 연수생들 사이에서 졸업시험에 대비하여 유신헌법을 공부해야 할 것인가를 두고 갑론을박이 있었다. 졸업시험은 실무시험이므로 헌법에 관한 문제가 나올 리 없다는 의견이 주(主)를 이루었으나 구두시험에서 헌법에 관한 사항을 물어볼지도 모른다는 견해도 대두되었다. 민사재판실무, 형사재판실무, 검찰실무, 변호사실무의 4과목 졸업시험을 치렀다. 구두시험은 없었다. 1972년 12월 31일 2기생 49명 전원이 사법연수원을 수료하였다. 기록상은 2기생으로 되어 있지만 1기생은 1년만 다니고 졸업했으므로 우리가 진정한 1기생이라는 자부심이 있었다. 당시에는 사법연수원을 수료하면 병역필자나 면제자는 특별한 결격 사유가 없는 한 지원하는 대로 판검사로 임관이 되고 미필자는 군법무관으로 입대하였다. 나는 부선망독자(父先亡獨子)이자 2대 독자로서 병역이 면제되었으므로 바로 판사나 검사를 지망할 수 있었는데 검사를 지망하기로 결정하였다. 전부터 검사를 동경하였고 특히 검사시보 할 때 경험한 검사의 역할에 큰 보람을 느꼈기 때문이다.

서울지방검찰청 검사

(1973. 7. 1. – 1975. 9. 30.)

• 6개월 기다린 임관

1972년 12월 사법연수원을 수료할 때 곧바로 판사나 검사 지망을 할 수 있는 군필자나 면제자 중 현직을 지원하지 않고 바로 변호사 개업을 희망하는 동기생은 없었다. 최소한 3년은 판검사로 봉직하는 것이 2년 동안 무료로 교육을 받으면서 공무원으로 대우 받고 봉급까지 받은 데 따른 의무라고 생각했다. 나는 검사를 지원하기로 하였다. 그 전부터 검사가 하고 싶었다. 담임이었던 이회창 부장판사는 여러 가지 경험을 할 수 있다는 점에서 판사를 택했었다고 했는데 나는 오히려 검사가 판사보다 더 여러 가지 사회 경험을 할 수 있다고 생각하였다. 판사를 지망한 동기생들은 바로 임관되었다. 당시에는 검사의 선호도가 높았다. 연수원을 수료할 무렵 판사의 결원은 많이 있었으나 검사의 결원은 전국적으로 2, 3명밖에 없었다. 정원을 늘려 놓은 다음에 지원을 받겠다고 하였다. 1973년 1월부터 할 일 없이 놀게 되었다.

가장 중요한 일은 법무부에서 언제 검사 지원을 받는지 하루하루 확인하는 일이었다. 사법연수원 수료로 이미 변호사의 자격을 취득하였으므로 검사 지원을 받을 때까지 기존 변호사 사무실에 들어가서 아르바이트를 하는 방법도 있었으나, 그 사실이 알려지면 나중에 검사 지원을 하였을 때 임관에서 탈락될지도 모른다는 소문이 있어, 아무 일도 하지 못하고 검사를 지망하는 동기생들끼리 모여 정보를 교환하며 소일하였고 일본어 학원도 함께 다녔다. 나는 생계유지를 위하여 중고등학생 상대 아르바이트를 다시 시작하였고 임관 후 신속한 업무처리에 도움이 될 수 있도록 타자 학원에 등록하여 다니며 타자를 익혔다. 몇 달 다니다 보니 제법 숙달되었다. 그 후 내가 검사로 임관되었을 때 전국에서 타자기를 사용하는 검사는 몇 명 되지 않았다.

검사정원법이 개정되어 정원이 늘게 되자 4월 들어 법무부에서 신규 검사 지원을 받기 시작하였다. 그 전(前) 해 가을과 겨울에 걸쳐 군법무관에서 제대한 사법시험 8회 및 9회 출신들과 군복무가 면제된 12회 동기생들을 합하여 42명이 지원서를 제출하였다. 법무부에서 일괄하여 면접을 본 후 5월 1일에 사법시험 8회 출신자들을 먼저 임관시켰다. 정원이 꽉 차 있는 서울지방검찰청에는 1명도 배치되지 않았다. 9회 출신과 12회 동기생들은 계속 대기하여야 했다.

그러던 중 6월 15일 대한상공회의소에서 제4회 전국 계산자 기능경기대회를 한다는 신문기사를 보게 되었다. 계산자(계산척)는 공대 재학 중에는 전국 1등의 실력이었지만 최근 3,4년 동안에는 손에 잡아 본 일이 없었다. 그렇지만 실력이 얼마나 남아 있는지 확인해 보고 싶어 일반부에 참가신청을 했다. 짧은 기간 연습을 해서 일반부 2등으로 입상하였다. 그다음 날 일반부 1등부터 3등까지 KBS 텔레비전의 아침 생방송 프로그램에 출연하는 기회를 얻었다. 생애 최초의 TV 출연이었다.

얼마 지나지 않아 7월 1일에 사법시험 9회와 12회 출신이 검사로 임관되었다. 정원이 차 있는 서울지방검찰청에서 2명의 검사가 다른 청으로 이동되고 그 자리에 2명의 신임검사가 발령을 받았다. 나와 나의 연수원 동기로 고등학교 3년 선배인 박경재 검사이다. 당시 덕수궁 옆에 있던 서울지방검찰청에서 검사 생활이 시작되었다. 임관 직후 공판 진행을 먼저 익히라는 뜻에서 두 달 동안 공판부에 배치되었다가 이어서 교통부, 형사2부, 1부, 3부의 순으로 골고루 거쳤다. 부장으로 모신 분은 강달수, 백광현, 배명인, 이영욱 부장검사였고, 차장검사는 발령 당시에 문상익, 허형구 두 분이 계시다가 김태현 한 분으로 되었으며 검사장은 처음부터 끝까지 김일두 한 분이었다.

• 사형집행 지휘

검사로 발령받고 몇 달이 지난 1974년 2월 27일 서울구치소에 가서 5명의 사형수에 대해 사형집행을 하라는 지시를 받았다. 대법원에서 사형판결이 확정되면 사형시설을 갖춘 교도소나 구치소에 수용되어 있다가, 법무부장관으로부터 사형집행 명령이 내려오면 검사가 교도소나 구치소에 가서 집행하도록 되어 있다. 사형시설을 갖춘 데는 서울구치소, 부산구치소, 대전교도소, 대구교도소 4곳이었고, 당시의 서울구치소는 일제 강점기의 서대문형무소를 개조하여 사용하고 있었기 때문에 서소문에 있는 서울지방검찰청과는 가까운 거리에 있었다. 법무부장관으로부터 서울구치소에 수용되어 있는 11명의 사형수에 대한 집행명령이 내려와 2월 27일에 5명, 2월 28일에 6명을 집행하기로 되었는데, 사형집행은 통상 해당 검찰청의 막내 검사가 하게 되어 있었기에, 그 전 해에 발령을 받은 막내 검사인 내가 5명, 박경재 검사가 6명을 집행하도록 지시를 받은 것이다. 상석(上席) 검사들은 누구나 이런저런 핑계를 대면서 사형집행을 기피하기 때문에, 아무 변명도 하지 못하고 그 지시를 이행할 수밖에 없는 초임검사가 맡는 것이 관행이었던 것이다.

2월 27일 입회서기와 함께 서울구치소로 가서 우선 그날 집행될 사형수들에 대한 판결문을 읽어 보았다. 5명 중 4명은 모두 살인범이었고 나머지 1명은 남파간첩이었다. 살인범들은 일가족을 살해하거나, 최소한 2명 이상의 강도살인, 강간살인 등 말로 할 수 없이 흉악하고 잔인한 범행을 저지른 사람들로 모두 사형판결이 확정된 후 몇 년 이상 지난 사람들이었다. 법무부장관의 집행명령이 있어야 집행을 하는데 장관들이 가능한 한 집행하는 것을 꺼리기 때문에 특별한 사건이 아니면 보통 선고 후 몇 년이 지나서야 집행이 된다고 구치소장이 설명하였다. 어떤 사형수들은 집행명령이 없어 수용시설에서 천수(天壽)를 다하는 일도 있다고 하였다.

어떻게 생긴 사람들인지 궁금했다. 사형집행장에는 집행지휘를 하는 검사와 구치소장, 구치소 보안과장, 검찰주사(입회서기)가 앉아 있고 사형수의 안내와 집행을 하는 교도관 여러 명이 서 있었으며, 사형수가 원할 경우를 대비하여 목사가 옆방에 대기하고 있었고, 사망을 확인하기 위한 의사도 지하실에 대기하고 있었다. 교도관들이 사형수를 한 사람씩 데리고 나와서 의자에 앉혔다.

나는 사형수를 마주 보면서 인적사항을 확인한 후 그 사람의 판결문을 요약하여 읽어주고 그와 같이 사형선고를 받은 것이 사실인가를 물었다. 사형선고를 받은 것이 사실인가를 물었을 뿐 그런 범죄를 저지른 것이 사실인가는 묻지 않았다. 혹시라도 사형선고는 받았지만 판결이 잘못된 것이고 자기는 그런 범죄를 저지른 일이 없다고 주장하는 난처한 일이 생길까 걱정했기 때문이다. 그런 일은 일어나지 않았다. 마지막으로 할 말을 하라고 하였다. 말하자면 유언이었다. 아무리 길게 이야기하더라도 끊지 않고 끝까지 들었다. 그 말이 끝나면 목사 또는 신부나 스님의 기도를 원하는지 묻는다.

여기서 놀라운 경험을 하게 된다. 남파간첩을 제외한 살인범 4명 모두 진실하게 자신의 잘못을 참회하고 눈물을 흘리면서 죽을죄를 지었다고 하였다. 모두 선한 얼굴을 하고 있었다. 그 사람들을 보면서 저 사람들이 지금 과연 죽어야 하는가, 내가 그들보다 현재 도덕적으로 우월하다고 할 수 있는가 하는 의구심이 들었다. 4명

중 3명이 목사의 기도를 원한다고 하여 이를 들어 주었고, 1명은 목사의 기도를 원하지 않는다고 하였는데 자기는 이미 충분히 참회하였기 때문에 목사의 기도가 필요 없다고 하였다. 그 모든 절차를 마치면 사형수를 일어나게 하여 그 뒤에 있는 사형대의 발판 위에 세운 후, 머리에 두건을 씌우고 교도관이 위에서 내려와 있는 밧줄을 사형수의 목에 걸고 검사의 신호에 따라 발판의 페달을 눌러 발판이 아래로 떨어지게 하면서 교수형이 집행되는 것이다. 그 아래 지하실에서 대기하고 있던 의사가 목숨이 끊어진 것을 확인하고 보고하면 다음 사형수를 집행하는 방식으로 진행되었다. 나머지 남파 간첩 1명은 예상했던 대로 "김일성 만세, 조선민주주의인민공화국 만세"를 외치면서 집행을 당하였다.

그 경험 이후 한동안 나는 사형제도에 대한 회의에 빠져 있었다. 그러나 오랜 사고(思考) 끝에 사형수들이 진정한 참회를 하게 된 동기는, 그들이 사형선고를 받았고 그 선고는 반드시 집행된다는 것을 알았기 때문이라는 결론에 도달하였다. 사형선고를 받아 자신의 목숨이 정말로 끝나는 것을 피할 길이 없다는 것을 알게 됨으로써, 이 세상에서의 모든 희망이 사라지고 생각이 끊어지는 자리에 이르게 되어 비로소 참회할 수 있게 되었던 것이다. 사형이 아닌 유기징역형을 받거나, 무기징역형을 받더라도 언젠가는 출소할 수 있다는 희망을 품고 교도소 생활을 이어간다면, 참회하기보다는 오히려 원망과 분노를 키워가면서 출소할 날만을 기다리게 될 가능성이 크지 않을까?

범죄 중에는 아무리 참회하더라도 목숨을 내놓지 않으면 용서받을 수 없는 범죄가 있다는 사실을 인정해야 한다. 어떻게 20여 명의 무고한 사람을 잔혹하게 살해한 연쇄살인범, 토막 살인범, 강도강간 살인범 같은 흉악범들을 나중에 참회하였다고 하여 용서하고 같은 하늘 아래에서 함께 살아갈 수 있겠는가? 사형제도에 대한 대안(代案)으로 가석방 없는 무기징역(종신형)이 제시되기도 한다. 그러나 그런 흉악범들에게 사형을 선고하지 않고 가석방 없는 무기징역으로 끝을 낸다면, 이는 형벌의 목적 중 하나인 응보형은 완전히 무력화시키고, 나아가 교육형의 목적에 비추어도 무의미한 것이라고 할 것이다. 교육형은 범죄자를 교화하여 인성을 회복시켜 사회로 돌려보내는 것이 목적이라고 할 것인데, 확실히 참회하여 참인간이 된다고 할지라도 영원히 사회로 복귀시키지 않을 사람이라면 무엇 때문에 막대한 시간과 비용을 들여 교화시켜야 하는가? 반면 확실히 교화된 사람이라도 가석방 없이 사망할 때까지 수감하고 있다면 그것이 오히려 더 비인도적 처사가 아닌가? 사형을 선고하고 이를 집행함으로써 막다른 길에 이르러 참회할 수 있는 기회를 주고 그 상태에서 맑은 영혼으로 세상을 하직할 수 있도록 해 주는 것이 더 인도적이 아닐까?

나는 사형집행을 직접 지휘해 본 얼마 남지 않은 검사 중 1명으로서 오히려 그 경험으로 인해 사형제 유지를 찬성하는 사람이 되었다. 검사로서 사형집행을 지휘하는 경험을 해 보려면 사형집행 시설이 있는 4개 교도소, 구치소를 관할하는 검찰청에 초임검사로 발령을 받아야 하고 그 검찰청에서 막내 검사를 면하기 전에 법무부장관으로부터 사형집행 명령이 내려와야 한다. 우리나라에서는 1997년 12월 30일 마지막 사형집행 이후 사형을 집행한 일이 없고, 앞으로도 그러한 경험을 할 수 있는 특별한 기회는 아마 없을지도 모른다.

• 한국기원 사무국 수사

당시 재경 법원과 검찰청에 근무하는 경기고등학교 출신 판검사들이 정기적으로 한국기원에 모여 바둑도 두고 프로기사들로부터 배우기도 하는 모임이 있었다. 나도 서울지검에 발령을 받고 얼마 지나지 않아 선배들로부터 같이 가자는 권유를 받고 한국기원에 가서 바둑을 배우기 시작했다. 나는 초보였기 때문에 대국은 거의 하지 않고 주로 프로기사들로부터 배우기만 하였다. 나와 가까이 지낸 기사는 고등학교 1년 선배로 서울법대 출신인 홍종현을 비롯하여 김수영, 노영하 등이었다. 그분들로부터 프로기사들의 열악한 처우와 사무국의 횡포를 들어서 알게 되었다. 사무국을 바로잡고 프로기사들의 처우를 개선해야 하겠다고 생각했다. 그래서 배명인 부장에게 보고하고 한국기원 사무국에서 장부를 압수하여 사무국장이 기사들에게 줄 대국료 등 공금을 횡령한 사실을 밝혀내어 업무상횡령죄로 구속하였다(1975년 3월 15일). 얼마 안 지나 한국기원은 기사들의 품으로 돌아왔다. 당시 이 사건을 보도한 한 일간지의 기사에는 "김수영 6단은 검사의 발표문에 '벼룩의 간을 빼먹은'이라는 말이 들어 있었다고 술회한다"는 내용이 들어 있었다. 그런데 나는 발표문에 그러한 문구를 쓴 기억이 없다.

• 쌍방 수뢰 경찰관

경찰에서 송치된 고소 사건을 수사하던 중 담당 경찰관이 고소인, 피의자 양쪽으로부터 각 5만 원씩 합계 10만 원을 받은 사실을 밝혀냈다. 그 당시 나의 월급이 6만여 원이었으니 10만 원이면 상당히 큰 금액이었다. 금액도 클 뿐 아니라 쌍방으로부터 돈을 받은 이해가 안 되는 비리였다. 공직자의 비위를 직접 인지(認知)한 첫 사건이다. 즉시 범죄인지서와 구속영장 청구서를 작성해 부장의 결재를 받아 차장검사에게 올라갔다. 경찰관은 긴급체포하여 구치감에 유치시켜 놓았다. 당시 차장검사는 무섭기로 소문났지만 내가 올리는 결재는 한 번도 반환한 일이 없는 김태현 씨였다. 나의 보고를 받고 도장은 찍지 않은 채 "먼저 검사장께 보고하여 승인을 받아 와라. 그러면 나도 결재 하겠다"고 하셨다. 김일두 검사장에게 올라가 보고하였다. 그리고 차장검사의 말씀도 그대로 전달하였다.

검사장께서 한참 생각하시더니 "꼭 구속하여야 하겠는가? 경사(警査)까지 올라가려면 꽤 오랫동안 근무하였을 터인데 사표를 받아 경찰을 떠나게 하고 끝을 내면 어떻겠는가?"하셨다. 그런 방법도 있구나 싶었다. 큰 잘못을 한 사람은 구속하는 것이라고만 생각하고 있던 나에게 사표를 쓰고 나가게 하는 방법은 신선하게 들렸다. 공무원에게는 형벌 못지않은 처벌이라고 생각되었다. 얼른 마음을 돌려 "그렇게 하겠습니다" 하고 대답하고 다시 차장검사에게 가서 보고를 드렸다. 김태현 차장은 "그렇지! 검사장께서 그렇게 말씀하실 줄 알았어"라고 하셨다.

구치감에 유치시켜 둔 경찰관을 검사실로 불렀다. 초주검이 되어 있었다. 아마 구속영장을 집행하는 줄 알았을 것이다. 엄하게 야단을 친 후에 당연히 구속할 것이로되 그동안 경찰에 오랫동안 봉직한 공을 참작하여 사표를 제출하면 그것으로 종결하겠다고 하였다. 경찰관은 감읍하면서 내 앞에서 사표를 작성하였고 그 사표는 경찰서장에게 보내져 처리되었다. 그 경찰관이 내 앞에 서서 전투모를 벗어들고 덜덜 떨고 있을 때 챙 안쪽에 "경무관 박종0"이라고 쓰여 있는 것이 얼핏 눈에 들어왔다. 지방의 거점 국립대학교 법과대학을 졸업하고 경찰에 투신하여 경무관까지 되겠다는 꿈을 키워 온 사람을 본인의 잘못이기는 하지만 내가 중간에 꺾어 버렸다는 생각에 한동안 가슴이 아팠다.

• 교통사고 허위 상해진단서

교통부 검사 시절 교통사고 피해자의 상해진단서에 관한 중요한 정보를 입수하였다. 교통사고 가해자(운전자)와 피해자, 진단 의사와 보험사 등이 짜고 보험사에 제출하는 상해진단서에는 장기간의 치료를 요하는 것으로 기재하여 피해자에게 고액의 보험금을 지급받게 하고, 수사기관에 제출하는 상해진단서에는 단기간의 치료를 요하는 것으로 기재하여 가해자의 처벌을 약하게 하는 일이 있다는 것이었다. 충분히 있을 수 있는 일이라고 판단되었다. 우선 어느 정도 사실이라는 가능성을 확인한 후에 부장에게 보고해야겠다고 생각했다. 보고부터 해 놓고 수사에 착수했다가 아무 성과도 없으면 나만 실없는 사람이 되어 버릴 것이다. 남대문경찰서에 요청하여 형사 1명을 파견받아 내 방에 책상을 마련해 주고 일하게 하면서 서울지방법원에서 교통사고 형사기록을 순차적으로 대출받고 보험회사로부터 보험금이 지급된 교통사고 내역을 제출받아 각 기록에 있는 상해진단서를 대조하는 작업을 시켰다. 양쪽의 상해진단서에 차이가 나는 것이 나오기 시작했다. 2주쯤 지나자 어느 정도 자료가 모였다.

그런데 어느 날 갑자기 부장이 예고도 없이 내 방에 들어오셨다. 그리고 일을 하고 있는 형사에게 바로 가서 무슨 일을 하느냐고 다그치셨다. 내가 설명을 드렸다. 부장은 사전 보고도 하지 않고 독자적으로 그런 일을 하면 되느냐고 야단을 치셨다. 그리고는 지금 당장 중단하라고 하시고 그때까지 형사가 찾아놓은 자료를 내가 보관하고 있겠다고 하고는 가지고 가셨다. 아마 어떤 사람이나 기관으로부터 무슨 이야기를 들으셨을 것이다. 그러나 중요한 정보를 부장에게 보고하지도 않고 형사까지 개인적으로 파견 받아 자료 수집을 시작한 것은 나의 불찰이었다. 부장이나 선배 검사와 미리 상의해서 했으면 좋은 사건이 되었을 터인데 나의 무경험과 욕심으로 인하여 사건화 되지 못하고 허무하게 끝났다. 생각할수록 아쉬운 일이다.

• 초등학교 선생님

어느 날 초등학교 5학년 담임이었던 박제흔 선생님이 검사실로 찾아오셨다. 담임에서 헤어진 후 처음 만남이었다. 나에게 아주 부당한 일을 했던 분이다. 그런데 그 선생님은 자기가 잘못된 일을 한 것을 내가 안다는 사실을 모르고 있는 분이다. 학교를 정년퇴직하고 어떤 사람의 감언이설에 속아 퇴직금을 전부 사기 당하였다고 했다. 그 돈을 찾는 길은 그 사람을 잡아 구속해 주는 길밖에 없으니 도와 달라고 했다. 아무리 나에게 온당치 못한 일을 한 선생님이었지만 도와드리지 않을 수 없었다. 나에게 수시로 와서 수사지휘를 받던 중부경찰서의 형사를 오라고 하여 선생님을 소개하고 사기범을 붙잡아 조사를 하라고 지시하였다. 추운 겨울이었다. 얼마 후 그 형사로부터 전화가 와서 사기범을 붙잡아 조사를 하였는데 사기죄가 인정되니 구속영장을 청구하겠다고 하였다. 선생님의 한이 풀리도록 잘 진행되고 있었다.

그런데 얼마 후 다시 전화가 왔는데 그 사기범을 난로 옆에 앉히고 구속영장을 작성하고 있던 중 잠시 못 보는 사이 그 사람이 도주하였다는 것이다. 크게 질책하고 조속히 다시 붙잡으라고 하였으나 결국 잡지 못하였다. 선생님은 줄기차게 나에게 찾아와 하소연하였으나 어떻게 할 수 없었다. 따지고 보면 나는 정식 절차를 밟아 그 사건을 입건, 처리하지 않고 개인적으로 아는 형사를 불러 수사를 시켰으니, 공식적으로 책임 추궁을 할 수 있는 입장도 아니었다. 결국 그렇게 끝났다. 안 좋은 선생님과의 관계가 또 안 좋게 끝났다.

• 고등학교 선생님들

또 한 번은 고등학교 때 역사 선생님과 체육 선생님이 검사실로 찾아오셨다. 두 분 다 이북 출신으로 힘이 장사이고 호주가(好酒家)

로 알려져 있었으며 그때까지 계속 경기고등학교에 재직하고 계셨다. 얼마 전 두 분이 함께 얼근하게 술을 마시고 밤늦게 덕수궁 앞을 걸어가고 계셨다고 한다. 그러다가 앞에서 마주 걸어오던 젊은 사람과 어깨를 마주치게 되었고 그것이 시비가 되어 다투다가 선생님들이 그 젊은 사람을 때리게 되었고 결국 경찰서까지 가서 입건되어 상해죄로 서울지방검찰청에 불구속으로 송치되었다는 것이다. 그런데 선생님들은 공립학교의 교사로서 공무원이므로 기소가 되면 얼마 남지 않은 정년을 마치지 못하고 수치스럽게 면직이 되어야 하니 이를 피하기 위하여서는 무혐의 처분을 받아야만 한다는 것이었다. 다른 일행도 없었고 제3의 목격자도 없었다고 했다.

그 사건 주임검사는 나에게는 한참 선배인 고참 검사였다. 대책 없는 일이기는 하나 그 선배 검사의 방을 찾아갔다. 고등학교 은사의 일이라고 말씀드리고 어떻게 하면 좋겠는지 사정하였다. 선배 검사는 한참 생각하더니 말씀하셨다. "사건 현장에서 그 선생님들이 젊은 사람을 때리지 않는 것을 보았다는 사람을 하나 데려올 수 있을까요?" 선배 검사가 말씀하는 의도는 분명히 알 수 있었다. 목격자를 찾아오겠다고 했다. 선생님들께 그 말을 그대로 전하였다. 선생님들도 그 말뜻을 알아들었다. 며칠 후 한 젊은 사람을 데리고 왔다. 그 사람이 선배 검사의 방에 가서 자기가 그 사건 현장을 지나가면서 보았는데 선생님들이 젊은 사람을 때리지 않는 것을 보았다고 진술하였다. 그 진술에 근거하여 선배 검사는 두 선생님을 무혐의 처분하였다. 두 선생님은 영예롭게 정년퇴직할 수 있게 되었다. 선생님들에게는 제자의 도리를 다했다. 그러나 피해자는 얼마나 억울했을까?

• 검사는 보아주는 사람이 있어야

서울지방검찰청 검사로 일한 지 2년 3개월 만에 춘천지방검찰청 원주지청으로 전근 발령을 받았다. 초임이 서울인지라 지방으로 가는 것은 당연한 일이었으나 원주는 그때까지 한 번도 가 본 일이 없는 곳이고 1군 사령부가 있는 곳이라고만 알고 있었다. 김태현 차장검사는 나를 아주 아꼈다. 나를 불러 위로하면서 여러 가지 이야기를 해 주셨다. 그리고 "검사를 하려면 보아주는 사람이 있어야 한다"고 하시면서, 대검 공안부장이 얼마나 힘이 있는지 모르겠으나 1년 이내에 반드시 서울로 올라오게 해 주겠다고 하셨다. 그분은 그 인사에서 대검찰청 공안부장으로 승진 발령이 나 있었다. 물론 그 약속은 이행되지 않았다. 나도 1년 이내에 서울로 다시 올라갈 수 있으리라고는 생각도 하지 않았다. 또 지방에 내려간 새파란 검사가 대검찰청 공안부장에게 그 약속을 상기시켜 드릴 수도 없는 일이었다. 원주에서 전출되는 검사가 전세 사는 집을 물려받기로 하고, 최초의 지방 근무에 대한 호기심과 설레임을 안고 원주행 고속버스에 몸을 실었다.

춘천지방검찰청 원주지청 검사

(1975. 10. 1. ~ 1978. 2. 10.)

• 경찰서 유치장 감찰

　원주는 1군 사령부가 있는 곳으로 알았기에 휴전선 바로 아래쯤에 있는 것으로 짐작하고 있었다. 그런데 원주는 생각보다 남쪽에 있었고 서울에서 고속버스로 2시간 30분 정도면 도착할 수 있었다. 원주지청은 지청장과 3명의 검사가 근무하는 그 당시로는 비교적 규모가 큰 합의지청으로 연간 사건 수가 6,000건을 넘어 춘천지방검찰청 본청(약 2,000건), 강릉지청(약 4,000건), 속초지청(1,000여 건)을 훨씬 능가하는 강원도에서 제일 큰 청이었다. 관할구역은 원주시, 원성군(훗날 원주시로 편입), 횡성군, 영월군, 평창군, 정선군으로 광대하였고(1982년에 정선군, 평창군, 영월군을 관할하는 춘천지방검찰청 영월지청이 개청하면서 원주지청의 규모는 상당히 축소된다), 경찰서 유치장 감찰을 갈 때에는 원주경찰서와 횡성경찰서는 묶어서 몇 시간 내에 다녀올 수 있었으나 영월경찰서, 평창경찰서, 정선경찰서 세 곳은 2박 3일의 출장 일정을 잡아 별도로 다녀와야 했다.

먼저 원주역에서 중앙선 완행열차를 타고 가다가 지선(支線)으로 갈아타고 정선경찰서로 간다. 기차 안에서 가끔 "검사님 아니세요?" 하고 인사를 건네는 사람이 있다. 나에게서 조사를 받은 사람이다. 꼭 시골 기차여행 같았다. 평창경찰서로 이동할 때는 부득이 경찰서의 지프(Jeep) 신세를 져야 했다. 정선에서 평창으로 넘어가는 해발 800미터의 비포장 고갯길은 교행(交行)을 위하여 넓게 해 놓은 몇 군데를 제외하고는, 차량의 교행이 불가능한 산악도로서 아래 산골짜기를 내려다보면 성냥갑만 하게 보이는 화전민의 오두막집만이 드문드문 눈에 뜨일 뿐이어서, '비행기재'라는 별명으로 불리고 있었다. 외지 사람은 감히 운전할 엄두를 내지 못하는 길이었다. 그래서 강원도에서 보통1종 운전면허를 받았다고 하면 전국 어디에서나 알아주었다. 평창경찰서를 마치면 영월경찰서로 간다.

영월경찰서 유치장 감찰에 얽힌 잊을 수 없는 에피소드 한 가지. 내가 서울지검에서 원주지청으로 발령이 나자 모시고 있던 부장께서 여러 가지 주의사항을 말씀해 주셨다. 그 중의 하나로, 지방의 지청에서 경찰서 유치장 감찰을 가게 되면 벽지이고 교통이 좋지 않아 할 수 없이 그 지역에서 자고 오는 경우가 있는데, 자는 날 저녁에 지역 기관장들이 저녁 식사를 모시겠다고 하면서 술을 계속 권해 곯아떨어지게 해 놓고는, 다음 날 이른 아침 경찰서 수사과장이 아침 인사를 한다는 구실로 숙소로 찾아와 아직 술이 깨지 않은 검사를 깨워 망신을 당하게 하는 일이 종종 있다고 하였다. 창피를 당하지 않으려면 아무리 술을 많이 마셨더라도 다음 날 새벽같이 일어나 세수를 하고 정장으로 갈아입고 의자에 앉아 기다리고 있어야 한다고 했다. 그렇게 검사의 위엄을 보여야 한다는 것이다.

영월경찰서에서 그런 상황이 생겼다. 저녁이 늦어 다음날 원주로 출발하기로 하고 관내 기관장들과 함께 저녁 식사를 하게 되었다. 군수, 경찰서장, 교육장, 농협지부장과 경찰서 수사과장이 함께 하였다. 나에게 계속 술을 권하였고 많이 마시지 않을 수 없었다. 고의로 권하였는지는 모르겠으나 정신을 바짝 차리고 마셨다. 술에 많이 취했고 다른 기관장들도 많이 취했다. 여관에 들어가서 바로 잠이 들었다. 그런데 잠결에도 반드시 새벽에 일어나야 한다는 생각은 놓치지 않았다. 새벽 5시가 되기도 전에 잠이 깼다. 힘들었지만 일어나서 샤워하고 와이셔츠에 넥타이까지 매고 정장을 입었다. 그리고 경찰서 수사과장이 언제 올까 기다리면서 아무 일도 하지 못하고 의자에 앉아 기다렸다. 나를 망신시키려고 찾아오는 수사과장을 깜짝 놀라게 해야 한다는 일념밖에 없었다. 다른 방에서 자고 있던 입회서기가 먼저 찾아왔다. 정장을 입고 있는 나를 보고 놀라기에 나의 의도를 이야기해 주었다. 입회서기도 정장을 하고 나와 함께 기다렸다.

그런데 수사과장은 오지 않았다. 여관에서 간단히 아침 식사를 하고 기다렸으나 출근 시간이 지나도 오지 않다가 10시가 넘어서야 나타났다. 그리고 하는 말이 "지금 영월은 공백 상태입니다"라고 하였다. 무슨 말이냐고 하였더니 "군수, 경찰서장, 교육장, 농협지부장 모두 어젯밤 만취하여 지금까지 아무도 출근하지 못하고 있습니다"라고 하였다. 지금 같았으면 나를 비롯한 영월군의 모든 기관장이 징계를 받아야 했을 것이다. 다행인 것은 그 후 영월은 물론이고 관내의 다른 지역에서도 어느 누구도 나에게 술을 하자고 덤빈 사람이 없었다.

• 탄광 사고

원주지청에서 가장 관심을 기울인 사건은 탄광 사고였다. 정선군에는 대규모의 탄광이 많았다. 군청 소재지인 정선읍과 달리 탄광이 몰려있는 사북, 고한은 항상 북적거리고 활기찼다. 영월군에도 소규모의 탄광들이 있었다. 광업소마다 수백 내지 수천 명의 광부들이 일하고 있었고 대규모 탄광 사고가 빈번하게 발생하였다. 춘천지검 검사장은 탄광이 많아 사고가 자주 일어나는 원주지청과 강릉지청에 대하여 2명 이상의 사망사고가 발생하면, 반드시 검사가 현장에 가서 현장검증을 하고 적극적으로 수사지휘를 하라고 지시하였다. 그래서 탄광사고 현장인 막장까지 들어가는 일이 잦았다. 막장에 들어갈 때는 광부들과 같은 작업복으로 갈아입고 입회 서기 및 경찰서 수사과장, 담당경찰관, 광업소장 등과 함께 들어가게 된다.

한번은 막장에서 현장검증을 하고 있는데 어디선가 '우루릉 쾅' 하는 요란한 소리와 함께 흙이 무너져 내리는 소리가 들렸다. 깜짝 놀라 일단 뒤돌아서서 뛰었다. 입회서기도 뒤따라 뛰어왔다. 흙이 무너져 내리는 소리가 그치기에 뒤를 돌아보았다. 입회서기만 내 옆에 서 있었고 나머지 인원은 사고 현장에 서서 우리를 바라보고 있었다. 멋쩍고 창피했다. 다시 현장으로 돌아가 조사를 계속했다. 그들은 사고 현장에서는 이런 일이 비일비재하다고 우리의 무안함을 덜어주었다.

    광산사고를 줄이려는 목적으로 광산에서 인명사고가 나면 과실이 있는 담당자뿐 아니라 회사의 대표이사도 처벌할 수 있도록 국회에서 법률을 개정했다. 징역형을 규정하지는 않고 벌금형에만 처할 수 있도록 한 것이었으나, 사고의 발생을 방지하기 위한 모든 조치를 다 하였음을 대표이사가 입증하지 못하면 사실상의 무과실책임을 묻겠다는 것이었다. 인명사고가 날 때마다 회사의 대표이사가 입건되어 직접 경찰, 검찰에 출석하여 조사를 받지 않으면 안 되게 되었다. 그 개정법 시행 후 처음으로 인명사고가 난 회사의 대표이사가 입건되어 검사실에 출석했다. 그런데 기존의 대표이사가 아닌 다른 사람이었다. 자신이 공동대표이사로 선임되어 그 업무를 관장하고 있다고 하면서 공동대표이사로 등재되어 있는 법인등기부등본을 제출했다. 이런 방법으로 피해 갈 수도 있구나 싶었다. 그래서 그 사람에게 농담 섞어 이렇게 말했다. "우리 덕분에 대표이사가 되셨군요. 축하합니다."

• 벌금 예납 방식의 문제점 시정

원주지청에 와 보니 서울지검에서 보지 못한 생소한 사건처리 방식이 있었다. 경찰에서 수사한 모든 불구속 사건은 검찰에 송치하기 전에 미리 검사에게 기록을 가지고 와서 송치승인을 받은 후 송치를 하도록 하고 있었다. 검사는 기록상 수사미진이나 잘못된 사항이 있으면 추가 수사를 하도록 지시하고, 다시 송치승인을 받으러 올 때 충분한 수사가 이루어진 것을 확인한 후에야 송치승인을 해 주는 것이다. 그렇게 하다 보니 검사가 경찰에서 송치된 사건을 배당받으면 신속히 처리할 수 있었다. 영월, 정선, 평창처럼 검찰청에서 멀리 떨어진 곳에 살고 있는 사건 당사자가 원주지청까지 왕복하는 일을 최소한으로 줄여주기 위해서 그 전부터 시행하고 있는 제도라고 하였다. 나름대로 타당한 이유는 있어 보였다. 그런데 검사가 송치승인을 해 줄 때 구약식기소할 사건으로 판단되면 별지에 벌금 액수를 정하여 주고 경찰에서 그 벌금을 피의자로부터 예납 받아 기록과 함께 송치하도록 하고 있었다. 그렇게 함으로써 피의자는 벌금을 납부하기 위하여 검찰청까지 먼 거리를 올 필요가 없고, 원주지청에서는 벌금 징수미제를 획기적으로 줄이는 장점이 있었다. 다만 연말에 미제사건을 대폭 정리하여야 할 필요가 있을 때만 일시적으로 예납을 받지 않은 상태에서 송치하는 것을 승인해 주고 있었다.

먼저 근무하였던 서울지방검찰청에서는 사건의 죄명이나 중요도, 피의자의 신분에 따른 소수의 사건에 대하여 경찰로 하여금 사전 보고를 하도록 하고 있을 뿐 모든 사건에 대한 사전 송치허가를 요구하지는 않았으며, 더군다나 벌금액을 사전에 정하여 주고 경찰로 하여금 예납 받아 오도록 하는 일은 있을 수 없었다. 다른 검찰청도 대체로 마찬가지였을 것으로 생각된다. 경찰이 피의자로부터 벌금을 예납 받아 송치하도록 하는 것은 검찰의 업무를 경찰에 떠넘기는 일이었고, 벌금액은 대부분의 사건에서 판사가 검사의 의견을 존중하여 정하는 것이 현실이기는 하지만, 법적으로는 판사가 결정하는 것이기 때문에 기소하기도 전에 검사가 금액을 정하여 경찰관에게 예납 받아 오라고 하는 것은 법에 어긋난다고 할 수 있으며, 경찰관이 벌금을 받아 오는 과정에서 금전 사고가 일어나지 않으리라는 보장이 없다고 생각되었다. 가장 문제 되는 것은 금전 사고라고 할 것인데 실제로 금전 사고가 발생하는 일이 있는지 확인해 볼 필요가 있었다. 그래서 어느 날 원주에서 가까운 횡성경찰서에 가서 유치장 감찰을 하면서 확인 작업을 실행에 옮겼다.

농촌지역에서는 추수가 끝난 후 겨울이 되면 주민들이 별로 할 일이 없어 도박사범이 대폭 증가한다. 도박사범은 거의 불구속이고 구약식 기소로 끝난다. 횡성경찰서의 사건부를 검토하면서 지난 3개월간 검찰에 송치한 것으로 기록되어 있는 도박 사건의 숫자를 세어 기억해 두었다. 검찰청으로 돌아와 검찰 사건접수부를 가져다가 같은 기간 동안 횡성경찰서에서 송치한 것으로 기록되어 있는 도박사건 수를 세어 보았다. 경찰서 사건부에 송치한 것으로 기록되어 있는 사건 수보다 3건이 적었다. 근거를 확보하였으므로 횡성경찰서로부터 그 3개월간의 사건부를 제출받아 검찰의 사건접수부와 직접 하나하나 대조하였다. 전산 업무처리라는 것은 있지도 않았고, 알지도 못하던 시절이었다. 부족한 3건의 내역이 확인되다. 경찰서 수사과장을 불러 그 자료를 주고 3건의 사건에 대한 확인을 해 오라고 했다. 며칠 후 수사과장이 와서 그 3건의 기록이 경찰서 캐비넷 밑바닥 구석에 들어박혀 있었고, 담당경찰관이 검사가 정해준 벌금액을 피의자들로부터 받아 개인적으로 유용한 것을 확인하여 그 금액을 회수하여 왔다고 보고했다.

이제 그 처리가 문제였다. 원칙대로 하자면 지난 몇 년 동안의 같은 케이스를 모두 찾아내어 위법행위를 한 경찰관들을 입건하고 횡령 금액을 회수해야 할 것이고, 나아가 횡성경찰서만의 문제가 아닐 것이므로 관내 5개 경찰서를 모두 같은 방법으로 조사하여야 할 것이었다. 어려운 수사는 아니겠지만 대규모의 수사인데다가 그 사실이 모두 밝혀지면 우리나라 수사기관의 신뢰는 엄청나게 추락하게 될 것이다. 그리고 원인의 일단을 제공한 원주지청도 호된 비난을 면치 못할 것이 분명하였다. 나의 보고를 받은 나호진 지청장은 검사회의를 거쳐 확인된 사실만 가지고 횡성경찰서에서 자체 처리를 하도록 하고, 검사가 벌금액을 정하여 경찰에게 예납받아 오도록 하는 관행은 즉시 폐지하기로 결정하였다. 아쉬움이 남는 결정이었으나 어쩔 수 없는 일이었으며 그러한 문제점을 파헤쳐서 시정하도록 한 데 대해서는 자부심을 느낀다. 그리고 얼마 후 사전 송치승인을 받도록 하는 지침조차도 폐지하였다.

• 허위 연령 정정(訂正)

원주지청 관내의 정년이 임박한 일부 공무원들이 법원에 연령정정허가신청을 하여 정년 연장을 받는 사례들이 있다는 말을 들었다. 구체적인 이름까지 나돌았다. 그런데 특정 공무원 한두 사람에 한(限)한 일이 아닐 터이니 이름이 나도는 사람만 수사하는 것은 큰 의미가 없고, 관내 전체를 대상으로 종합적으로 수사해야겠다는 결정을 했다.

그래서 우선 자료 수집차 법원(춘천지방법원 원주지원)의 협조를 받아 최근 3년간 연령정정허가를 받은 50세 이상인 사람들의 목록을 작성하였다. 수십 명이 되었다. 주소지에 따라 분류하여 그 사람들의 인적사항을 관내 5개 경찰서에 나누어 주고 그 사람들의 직업을 확인하여 보고하라고 지시하였다. 각 경찰서에서 조사 결과가 올라왔다. 면장, 경찰지서장, 교육공무원 등 중간간부 공직자들과 각종 조합장 등 공직자에 준하는 사람들이 10여 명 되었다. 그 사람들의 연령정정허가신청 기록을 법원으로부터 대출받아 검토한 후 당사자들을 소환하여 신문(訊問)한 결과 전원(全員) 허위신청을 했다는 사실을 자백하였다.

두 개의 유형이 있었다. 첫 번째 유형은 면사무소 등의 공무원과 결탁하여 관련 공문서를 위조 또는 변조하여 놓고 이를 근거로 법원에 연령정정허가신청을 한 경우이었고, 두 번째 유형은 신청자가 졸업한 초등학교가 6·25전쟁 중 폭격을 당하여 학적부가 모두 불에 타 소실된 것을 이용하여 해당 학교에 졸업사진과 동창생들의 인우보증을 제출하여 졸업증명서를 발급하여 달라고 신청하면서 발급신청서의 신청인 생년월일 란에 정정 받고자 하는 연월일을 기재하여 신청하는 것이었다. 해당 학교에서는 학적부는 없으나 신청인들이 그 학교를 졸업한 사실은 인정되므로 발급신청서에 기재된 생년월일을 그대로 졸업증명서의 생년월일 란에 옮겨 적어 졸업증명서를 발급하여 준 것이다. 법원에서는 그 학교의 학적부가 불에 타 없어진 것은 모르고 졸업증명서에 기재되어 있는 생년월일이 학적부에 기재되어 있는 생년월일이라고 믿고 그대로 연령정정허가를 해 준 것이었다.

첫 번째의 방법으로 5년이나 나이를 줄인 산림조합장과 그의 부탁으로 공문서를 변조하여 준 면 직원을 구속기소하고, 두 번째 경우에 해당하는 10여명은 모두 불구속기소하였다. 2~30년씩 공직 또는 유사 공직에 종사하다가 마지막을 불미스럽게 끝낸 그 사람들을 생각하면 그 행위에 관계없이 애석함을 금할 수 없다. 그해 말 종무식에서 법무부장관 표창장을 전수받았다(1976. 12. 20.). 공적 사항은 '병무 사범 처리 유공'으로 되어 있었다. 국방부의 요청으로 연말에 각 도에 1명씩 병무사범 처리 유공 검사를 표창하기로 하였는데 춘천지검에서 나를 강원도 몫으로 추천하였다고 한다. 향토예비군 훈련 불참자 이외에는 병무사범을 한 명도 처리한 일이 없는데 병무사범 처리 유공 검사가 된 것이다.

• 결혼, 어머니의 전성시대

원주지청에 근무할 때 결혼을 했다. 서울지검에 있을 때 약혼을 하고 꼭 1년 만에 결혼을 한 것이다. 결혼을 하면서 조금 더 큰 전셋집으로 이사했다. 서울지검 근무 초창기에 두 명의 검사가 한 방을 사용하였는데 같은 방에 근무하는 선배 검사를 가끔 찾아오던 친구 분의 중매였다. 아내는 초등학교 때부터 피겨 스케이팅 선수로 활약하던 빙상계의 대표주자 중 1명이었다. 결혼할 때 아직 대학교 재학 중이었으므로 졸업할 때까지 몇 달 동안 평일에는 서울 친정에 있다가 주말에 원주로 내려오는 힘든 일을 계속하였다. 그리고 결혼 1년 후 장남을 낳았다.

원주지청 시절은 어머니에게 전성기였다. 원주 시내의 기관장 부인들 모임이 있었는데 검사는 기관장은 아니지만 그 모임에 끼워 주었다. 나의 아내는 그 부인들과 나이 차이도 많을 뿐 아니라 산모였으므로 모임에 나갈 수가 없어 어머니가 대신 나갔다. 어머니는 그 모임에서 지청장 부인, 시장 부인, 경찰서장 부인, 원주 MBC사장 부인 등 모든 회원으로부터 지극한 대우를 받으신 것 같다. 모임에 갔다 오시면 항상 기분이 좋으셨다. 1978년 2월 10월 서울지방검찰청 성북지청 검사로 발령받아 다시 서울로 돌아가게 된다. 어머니의 전성기도 끝났다.

서울지방검찰청 성북지청 검사

(1978. 2. 11. - 1980. 11. 4.)

• 기적의 교통사고와 수사의 성공

　서울지방검찰청 성북지청은 5년 동안 학창 시절을 보냈던 서울대학교 공과대학 인근 도봉구 공릉동(현 노원구 공릉동)에 있었다. 그래서 마치 고향 집에 온 것 같은 포근한 기분이었고, 내가 근무하는 동안 장기간에 걸쳐 서울공대가 관악산 기슭 신림동에 있는 서울대학교 통합캠퍼스로 이전하여 갔으나 고향에 온 기분은 항상 마찬가지였다. 당시 성북지청은 현재의 서울 동대문구, 성북구, 중랑구, 노원구, 도봉구, 강북구에 속하는 서울의 동북부 지역과 아울러 경기도 양주시, 가평군(그 후 경기도의 2개 군은 의정부지청 관할로 변경되었다)까지 관할하는 큰 청으로서 지청장 밑에 2명의 부장검사와 14명의 검사가 있었는데, 부장검사 중 한 분은 서울공대 전기공학과를 졸업하고 고등고시 사법과에 합격한 김주한 부장이었다. 공대 출신으로는 사상 처음으로 사법고시에 합격한 선배로서 훗날 대법관이 되는데 그분으로부터 평생 많은 도움과 가르침을 받게 된다. 원주에서 서울로 이사 오면서 성동구 자양동(후에 광진구로 변경)에 2층짜리 자그마한 양옥을 장만하였다. 성북지청에 부임하였을 때는 3번째 임지이고 경력도 5년 가까이 된 중견 검사가 되었으므로 중요한 사건들을 많이 배당받는 한편 큰 사건의 인지수사(認知搜査)도 많이 하게 되었다.

부임 초기 시중(市中)에서 유통되고 있는 전기용품의 안전성에 관하여 관심을 가지고 일제 단속을 벌이던 중 안전검사필증이 부착되지 않은 전기용품이 대량 유통되고 있다는 사실을 확인하였다. 안전검사필증이 부착되지 않았다는 것은 안전검사를 받지 않았다는 뜻이고 따라서 불량품일 가능성이 높았다. 해당 전기용품의 시장 점유율 1, 2위 업체를 대상으로 압수수색하기 위하여 입회서기를 비롯한 검찰 수사관들을 2개 조로 편성하여 나의 지시하에 즉시 출동하도록 준비시켜 놓고 있었다.

출동하기로 예정된 날 아침, 나를 출근시키려고 온 차를 타기 위하여 대문을 나섰다. 배웅하러 나온 아내는 문 앞에 서 있었다. 차는 집에서 조금 떨어진 공터에 주차해 있다가 내가 나오는 것을 보고 차를 돌리기 위하여 후진을 하는데 때마침 동네에 사는 5, 6세가량의 여자아이가 세발자전거를 타고 그 차의 뒤로 전진하고 있었다. 후진하던 차가 뒷바퀴로 그 세발자전거를 들이받아 자전거는 옆으로 밀려났고 어린아이는 차 밑으로 완전히 들어가서 보이지 않게 되었다. 나와 아내를 비롯한 목격자들이 깜짝 놀라 달려가면서 차 밑에 사람이 들어갔다고 소리쳤다. 그러자 운전기사는 차를 앞으로 전진시켰다. 아찔한 순간이었다. 차 밑에 아이가 들어가 있는데 다시 앞으로 전진시키면 그 아이는 차에 깔려 사망하거나 중상을 입을 것이 분명하였다. 보고 있는 사람 모두 하도 황망하여 어찌할 바를 몰랐다.

차가 앞으로 나아가자 차 밑에 누워 있는 어린아이의 모습이 드러났다. 그리고 기적이 일어났다. 아이가 혼자서 툭툭 털고 일어나는 것이었다. 그리고 긁힌 자국 한군데 없이 온전하였다. 놀란 기색도 없었다. 그 아이의 부모는 일하러 나가고 집에 없었다. 아내는 그날 저녁 그 아이의 부모를 찾아가 백배사죄하였다. 그 부모는 아이가 다친 데가 전혀 없으니 괜찮다고 했다. 그런 부모를 만난 것도 기적이었다. 그렇게 고마울 수가 없었다.

그 아이에게 아무 이상이 없는 것을 확인한 나는 그 차를 타고 출근했다. 그리고 즉시 대기시켜 놓은 2개 조를 출동시켰다. 수사는 대성공이었다. 3년간 안전검사를 받지 않고 출고한 불량품의 수량을 기재해 놓은 비밀장부를 2개의 회사에서 압수하였을 뿐 아니라, 세무신고를 할 때 그 수량을 제외하고 매출 신고를 함으로써 고액의 세금을 탈루한 사실까지 밝혀내어 회사 대표 등 3명을 구속하는 개가를 올렸다. 그날 아침의 기적은 수사의 성공을 예고한 것이었는가? 아니면 액땜을 한 것이었는가?

• 협박 전화

검사로 발령받은 후 나는 여러 차례 협박 전화를 받았다. 당시에는 전화번호부에 모든 가입자의 전화번호가 실려 있었기 때문에 일반인도 쉽게 검사의 집 전화번호를 알 수 있었다. 전화가 있는데도 전화번호부에 올라가 있지 않으면 전화국에 항의하던 시절이었다. 협박 전화의 대부분은 단발성으로 끝났으나 성북지청에 근무할 때 가족 모두가 장기간에 걸친 집요한 협박전화에 시달린 일이 있다. 어느 날 밤 12시 정각, 집 전화벨이 울렸다. 수화기를 들고 "여보세요"라고 하였으나 아무 대답도 없었다. 끊지도 않았다. "전화를 거셨으면 말씀을 하셔야지요."라고 하여도 대답이 없었다. 자정을 택한 협박 전화라고 생각되었다. 잠시 기다리다가 아무 말도 없기에 내가 끊었다.

그런데 그다음 날 똑같은 시각에 전화가 울렸고 또 아무 말도 없었다. 그런 일이 며칠 계속되었다. 전화가 오는 시각은 처음에는 정확하게 자정이었으나 점차 자정에서 2시 사이로 불규칙하게 바뀌었다. 매일 오기도 하고 하루, 이틀 걸러서 오기도 하였다. 한 달 이상 그런 일이 계속되니 집안 식구들이 불안에 떨었다. 전화국에 상의하였다. 그랬더니 상대방의 전화번호를 알아내기 위해서는 내가 직접 전화국에 와서 대기하다가 그 전화가 오면 받아서 최소 5분 이상 대화를 끌어야 가능하다고 하였다. 매일 통행금지 시간에 전화국에 가서 언제 올지 모르는 전화를 마냥 기다리고 있을 수는 없는 일이었다. 전화국에 가는 것은 포기하였다. 협박 전화는 2, 3일 간격으로 계속 왔고 또 한 달이 흘러갔다.

그러다가 어느 날 밤 2시경 기다리던 전화가 울리기에 받았더니 내가 말을 꺼내기도 전에 중년 여성의 날카로운 목소리로 "이 전화 받고 죽어라!"고 하는 소리가 들렸고 바로 전화가 끊어졌다. 분노에 찬 목소리였다. 나에게 죽으라고 저주를 한 것이다. 누구일까? 나에게 죽으라고 저주할 만큼 원한을 품은 여자가 누구일까? 짐작 가는 곳이 없었다. 그러다가 퍼뜩 떠오르는 것이 있었다.

두어 달 전에 내가 기소하여 공판 진행 중인 사건이었다. 당시 성북지청 관내에 소재한 남(男)학교인 서라벌 고등학교가 고등학교 평준화 이후 신흥 명문으로 떠오르고 있었다. 다른 학군(學群) 지역 고등학교에 재학하는 학생들이 서라벌 고등학교 학군 지역으로 이사하였다고 하면서 편입학 신청을 하여 편입하는 사례가 많았다. 편입학 신청을 하기 위하여서는 서라벌 고등학교 학군 지역으로 전입하였다는 주민등록등본 이외에 다니던 학교의 재학증명서와 성적증명서를 제출해야 하는데 문서를 위조하여 제출하고 편입학하는 사례들이 있다고 하였다. 또 아무 고등학교에도 다니지 않고 집이나 학원에서 독학하다가 다른 고등학교의 재학증명서와 성적증명서를 위조하여 제출하는 경우도 있으며, 고등학교 입학 추첨시 서라벌 고등학교 학군 지역에 거주하던 학생으로 서라벌 고등학교가 아닌 고등학교에 배정되었던 학생(그런 학생은 같은 학군인 서라벌 고등학교로 편입학할 자격이 없다)들도 문서를 위조하여 편입학을 하곤 한다는 것이었다.

내가 주임검사가 되어 성북지청 수사과에서 수사한 결과 부정편입학한 10여명의 학생들을 적발하였고, 이에 관여한 문서위조범,

교직원, 학부모들을 죄질의 경중에 따라 구속기소, 불구속기소 또는 구약식기소를 하였으며, 부당 편입학한 학생들은 입건을 하지 않고 학교에 명단을 통보하여 퇴교 조치토록 한 사건이었다. 그 과정에서 한 학생의 어머니가 집요하게 사정을 하였다. 자기 아들은 신체장애가 있어서 서라벌고등학교 아니면 통학 가능한 학교가 없으니 퇴학을 당하지 않도록 학교 통보를 하지 말아 달라고 사정하는 것이었다. 함께 적발된 10여 명의 학생 중 한 명만 특별히 통보를 하지 않을 수는 없는 일이고, 통보는 학교의 학사업무처리에 필요한 요식행위일 뿐, 통보를 하거나 않거나 간에 학교에서는 이미 다 알고 있는 사실이므로 도저히 안 된다고 아무리 설명을 하여도 끈질기게 사무실로 찾아와 사정을 하였다. 아마 그 학생의 어머니는 먼저 학교에 찾아가 통사정을 하였을 것이다. 학교에서는 시달리다 못해 검사가 통보해 오는 명단에 들어 있으면 퇴교 조치를 하지 않을 수 없다고 책임을 검사에게 미뤄버렸을 것이고, 그러자 그 어머니는 나에게 매달렸을 것이다. 그러나 나는 퇴교시키는 절차에 검사의 통보가 필요하다는 학교의 요청에 따라서 하는 일이었으므로 명단에 그 학생의 이름만 제외할 수는 없는 일이었다. 퇴교당한 그 학생의 어머니가 한을 품고 벌이는 일이 아닐까 하는 생각이 들었다.

　이미 기소하여 사건기록은 법원에 넘어가 있었으므로 그다음 날 출근하여 법원에 있는 사건기록에서 그 학생의 집 전화번호를 알아 왔다. 집에 돌아와 밤이 되기를 기다렸다. 자정이 되자 내가 그 집으로 전화를 걸었다. 어떤 중년 목소리의 남자가 바로 전화를 받았다. "여보세요" 하기에 대답을 하지 않고 가만히 있었다. 그쪽 사람은 계속 "여보세요"를 반복하였고 주위에서 떠드는 소리가 들렸다. 나는 계속 가만히 있다가 1분 정도 지나서 조용히 전화를 끊었다. 다음 날 자정에 또 전화를 걸었다. 이번에는 여자가 받았다. 나에게 죽으라고 악담을 한 여자와 같은 목소리인지는 구별할 수 없었으나 그 여자는 "여보세요, 여보세요"를 반복했다. 역시 아무 대답을 하지 않고 1분쯤 지나 전화를 끊었다. 협박 전화를 하는 사람이 누구인지 알고 있다는 신호를 그렇게 이틀에 걸쳐서 보냈다. 그다음 날부터는 전화를 하지 않고 전화가 오는가를 기다렸다. 전화가 오지 않았다. 그리고 영원히 오지 않았다. 몇 달 동안 나와 가족을 괴롭혔던 협박 전화는 그렇게 끝이 났다.

• YH무역 근로자 신민당사 점거 농성

1979년, 격랑의 해를 맞았다. 4월 들어 중랑구 면목4동 소재 YH무역 근로자들이 회사 운동장에서 집회를 시작하였다. 근로자들의 급여를 몇 달 치나 체불한 장용호(YH) 회장이 아무런 대책도 마련하지 않고 미국으로 도피했고 회사가 폐업을 결정했기 때문이다. 2백여 명에 달하는 근로자들이 거의 매일 집회를 하면서 체불임금 지급과 폐업철회 및 회장의 체포를 요구했다. 내가 담당 검사였다. 한 가지 다행인 점은 근로자들이 회사 운동장에서만 집회와 농성을 계속하였지 밖으로 나오지는 않고 있는 것이었다. 농성이 장기화하여 매일 태릉경찰서에 사태 파악을 지시하고 보고를 받고 상부에 보고하였다. 동네가 시끄러울 뿐 다른 위법 사항은 없었으므로 강제로 해산시킬 근거나 명분도 없었고 해산시켰다고 될 일도 아니었다.

그런데 회사에서 8월 6일 게시판에 폐업공고를 다시 붙였고 근로자들은 8월 9일 새벽, 동태를 관찰하던 경찰관들이 자리를 비운 틈을 이용하여 몰래 기숙사를 빠져나가 마포구에 있는 신민당 당사로 몰려 들어가 그곳에서 농성을 시작하였다. 태릉경찰서의 국지적 사건이던 것이 서울시경이 관장하는 전국적 사건으로 격상되었다. 경찰에서는 8월 11일 새벽 신민당사에 진입하여 근로자들을 끌어냈고 그 과정에서 근로자 1명이 사망하는 사고가 발생하였다. 정국은 극도로 혼란해졌다. 태릉경찰서에서 YH무역 노조 간부 3명을, 마포경찰서에서 배후 조종 혐의로 외부인사 5명을 구속하였고 이를 송치 받은 성북지청과 서울지검에서 9월 11일 그들을 각각 구속기소 하였다. 국회에서는 당시 신민당 총재이던 김영삼 의원에 대한 의원직 제명을 의결하였고, 이는 부마사태로 이어졌으며 결국 10월 26일 박정희 대통령 시해 사건에 이르게 된다. YH사건으로 기소되었던 모든 인사들은 석방되었고, 이어서 12·12사태로 이어진다. 석방된 YH무역 노조지부장 최순영은 한참 세월이 흐른 후 2004년 제17대 국회의원으로 당선된다.

• 변경된 인사이동

전두환 정권의 태동기였다. 많은 일이 있었고 많은 일을 겪었다. 성북지청에 근무하는 지청장, 부장검사, 검사를 통틀어 내가 가장 오래 근무한 사람이 되었다. 1980년 9월 정기인사에서는 어디로 옮겨가야 할 것이다. 이준승 지청장은 나에게 걱정하지 말라고 했다. 다른 선후배 검사들도 나에게 용기를 주었다. 나도 임지(任地)에 대해서는 별로 걱정하지 않고 있었다. 어느 날 검사 인사안(人事案)이 대통령 결재를 받으러 청와대에 올라갔다고 하면서 그 내용이 일부 새어 나왔다. 그 인사안에 나는 강릉지청으로 가게 되어 있다는 말을 들었다. 믿을 수가 없었다. 성북지청에 오기 전에 원주지청에서 근무하였는데 어떻게 또다시 강원도로 보낸다는 말인가? 지청장을 비롯하여 선후배 모두 나를 위로하였으나 서운한 마음은 풀릴 수가 없었다. 세상사(世上事)의 달인인 한 선배 검사는 "사표를 내고 나가서 양심선언을 하지! 그러면 틀림없이 국회의원이 될 텐데"라고 하였다. 양심선언 할 일도 없지만 나는 그럴 생각은 전혀 없었다. 또 나의 성격과도 맞지 않는 일이다.

그런데 대통령 결재를 받으러 올라간 인사안이 청와대에서 반려되어 일부 수정을 하게 되었다는 말이 돌았다. 청와대에서 인사안이 반려된다는 것은 내가 듣기로는 처음이었다. 인사는 연기되었다. 이준승 지청장이 어느 날 나를 불렀다. 그 전날 어떤 상가에 문상을 갔다가 검찰국장이 있기에 어떻게 채방은 검사를 강릉지청으로 보낼 수 있느냐고 따졌더니, 지방 지청을 보강하려는 목적이었다고 대답하기에 말도 안 되는 소리 하지 말라고 항의했다고 하였다. 지청장과 검찰국장은 고시 동기이다. 인사안을 다시 짜고 있으니 배려가 있을지도 모른다고 하였다.

한 달쯤 후에 수정된 인사안이 대통령 결재를 받아 정식으로 공표되었다. 원안에서 변경된 것이 누구누구라는 등 소문도 나돌았다. 평검사의 변경은 극소수라는데 나는 대구지방검찰청으로 변경되어 있었다. 만족스럽지는 않지만 직전에 근무하였던 강원도로 다시 쫓겨 가는 것처럼 보이지 않게 된 것만도 다행이었다. 살던 집을 전세 주고 대구 수성구에 있는 아파트를 구하여 어머니, 아내 및 3명의 자녀와 함께 이사했다. 성북지청에 근무하는 동안 딸 하나, 아들 하나를 더 얻은 것이다. 세 자녀는 우리나라 세는 나이로 연속 연년생이었다. 아파트 바로 윗집에 대구지방법원 판사로 근무하는 후배 가족이 살고 있었다. 그 판사가 놀러 왔다가 "아이들이 '우글우글'하니까 참 좋네요"라고 하였다.

• 영초 언니

한참 세월이 흘러 2017년 신문의 서평란에서 《영초 언니》라는 책 제목이 눈에 띄었다. 저자인 '서명숙'은 제주 올레길 이사장이라고 소개되어 있었는데 알지 못하는 분이었다. 그 책 제목에서 문득 내가 성북지청 검사 시절 처리한 사건 이야기가 아닌가 하는 생각이 떠올랐다. 1979년 여름 대통령 긴급조치 9호 위반으로 종암경찰서에서 구속 송치된 사건이 있었다. 몇 명의 피의자 중 주범인 구속 피의자의 이름이 '천영초'였다. 특이한 이름이었기 때문에 기억에 남아 있었다. 고려대학교를 졸업하고 구속 당시에는 한신대학교 대학원에 재학 중인 여학생이었다. 고려대학교 후배 학생들을 비롯한 몇 명과 함께 유신헌법 폐지 등을 주장하는 유인물을 제작 배포하고 시위를 주도하였다는 내용이었다. 단순한 내용이었고 피의자들이 모두 자백하였으므로 간단히 조사를 마치고 기소하였다. 기소한 후 얼마 지나지 않아 박정희 대통령이 서거하고 뒤이어 긴급조치 9호가 폐지되었으므로 그 사건으로 기소된 사람들은 모두 석방되었다. 40년 가까이 지난 일이다. 서평을 읽어보니 그 사건에 대한 이야기가 틀림없었다. 다만 저자가 그 사건에 함께 입건되었던 사람이었는지에 대해서는 서평만 가지고는 알 수 없었다.

내가 처리하였던 사건의 주인공이 석방된 후 어떤 삶을 살아왔을지 궁금하였다. 그래서 그 책을 사서 읽어보려고 하던 차에 마침 서울지방변호사회에서 그 책의 저자를 초청하여 북콘서트를 연다고 하기에 참석했다. 강연이 진행되면서 저자(著者)도 천영초와 함께 같은 사건으로 구속되었던 분이라는 사실을 알게 되었다. 그리고 이름도 어렴풋이 기억나는 듯했다. 강연의 주제는 바로 그 사건에 관한 이야기였다.

그 강연을 듣는 중 놀라운 사실을 알게 되었다. 피의자들이 종암경찰서에서 조사를 받을 때 영장도 없이 한 달 동안이나 경찰에서 통째로 빌린 여관의 각자 다른 방에 분리되어 감금된 상태에서 조사를 받았다는 것이다. 외부 출입을 할 수 없었던 것은 물론 누구와의 면회나 전화 통화도 일절 할 수 없었다고 한다. 제주도에 사는 저자의 어머니가 연락도 안 되고 소재도 알 수 없는 저자를 찾으려고 무작정 서울로 올라와 학교 근처를 헤매다가 결국 찾지 못하고 그대로 제주로 내려갔다는 사실을 나중에야 들었다고 한다. 신체적인 고문을 당하지는 않았지만 이루 말할 수 없는 정신적인 고통과 모멸감을 겪었다고 한다. 그렇게 한 달 동안 집중적인 조사를 받은 이유는 피의자들에게 배후가 있는지를 캐내려고 하였다는 것이다. 아무런 성과가 없자 더 이상 조사 없이 피의자들을 검찰에 송치한다고 하였을 때 그 동안의 고통은 다 잊어버리고 그렇게 기쁠 수가 없었다고 하였다.

그 당시 경찰 수사 과정에서 사안이 복잡하여 긴급체포 시한(時限) 48시간을 넘겨 불법 구금을 하는 사례가 있을 것이라고 짐작하고는 있었으나 한 달 동안이나 불법 구금된 일이 있었다는 사실은 그때 처음 들었다. 그 사건 피의자들이 검찰에 송치되어 내가 신문을 하였을 때 아무도 그런 말을 꺼낸 일이 없었다. 아마 저자의 말대로 한 달 동안의 불법 감금에서 풀려난 것만 기뻤으므로 불법 구금에 대해서는 이야기할 생각이나 엄두가 나지 않았을지도 모른다. 만일 피의자들이 불법 구금 사실을 나에게 말했다고 하더라도 당시의 상황에 비추어 볼 때 내가 그에 대하여 어떠한 조처를 할 수 있었으리라고 자신 있게 말하기는 어렵다. 그러나 어쨌든 부끄러웠다. 저자의 강연이 끝나고 방청객(변호사)들의 질의응답이 시작되었으나 나는 곧바로 그 자리를 떠났다. 더 이상 앉아 있기가 민망했다. 또 한 가지 확인된 점은 그 사건의 피의자들은 자신들의 이익과 영달을 위해서 행동을 한 사람들이 아니었다는 사실이다. 천영초는 면소로 석방된 후에도 계속 힘들게 살아가다가 결국 요양원에서 생을 마감했다고 한다. 저자인 서명숙도 민주화운동을 하다가 구속된 일이 있다는 것을 내세워 어떠한 영예나 보상을 원한 일도 없다. 고향을 위하여 봉사하기로 결심하고 제주로 내려와 올레길을 만들고 제주에서 활동하고 있다. 진정 존경받을 만한 민주화 인사는 그런 곳에 있었다.

대구지방검찰청 검사

(1980. 11. 5. - 1983. 8. 16.)

• 검사장의 배려

대구지방검찰청에 부임하여 방을 배정받고 미쳐 짐도 풀지 못하고 있을 때이다. 박준양 검사장께서 예고도 없이 내 사무실 문을 열고 불쑥 들어오셨다. 검사장 스스로 평검사의 방을 찾아오는 것은 예삿일이 아니다. 더구나 박준양 검사장은 검찰에서 무섭고 까다롭기로 소문난 분이다. 얼른 일어나서 맞이하였더니 "채 검사, 다시 짐을 싸야 할 것 같다. 대검에서 전화가 왔는데 서울지방검찰청 공안부로 직무대리 발령을 낸다고 한다"고 하셨다. 기뻐할 일인지 아닌지는 쉽게 판단이 가지 않았으나 우선 느끼는 기분은 별로 즐겁지 않았다. 서울지검 공안부에 급박한 상황이 생겼는지는 모르겠으나, 인사(人事)를 하려면 각 청(廳)과 분야마다 미리 소요인력을 산출해서 정기인사 때 바로 발령을 낼 일이지, 강릉지청으로 보내려고 했다가 대구지검으로 바꾸어 보낸 다음 며칠도 안 되어 다시 불러올리는 것은 도대체 무슨 일인가? 더구나 서울 집은 다른 사람에게 전세를 주고 대구의 아파트를 전세로 얻어 이사를 왔는데 다시 서울로 가라고 하면, 두 곳의 전세 계약을 어떻게 정리할 것이며 서울의 임차인이 나가지 않으면 나와 가족은 어디로 가서 살아야 한단 말인가?

여러 가지 생각을 하고 있는 중에 대선배인 이기태 수석검사께서 방으로 찾아오셨다. 그리고 검사장께서 무슨 말씀을 하시지 않았느냐고 물었다. 그래서 들은 대로 말씀드렸더니 자기가 검사장실에서 보고를 드리고 있을 때, 검사장에게 대검찰청 허형구 차장검사의 전화가 왔다는 것이다. 그래서 두 분이 통화하는 것을 들었다고 하면서 그 이야기를 해 주었다. 대검차장께서 서울지검 공안부에 인원 증원이 필요해서 채방은 검사를 직무대리로 발령하려고 한다고 하니까, 검사장께서 지금 대구지검도 결원이 여러 명이고 제대로 일할 사람도 몇 명 안 되는데 한참 일할 사람을 빼 가면 우리는 어떻게 하라는 것이냐고 극구 반대를 하더라는 것이다. 이기태 검사 판단으로는 워낙 검사장이 완강하게 반대했기 때문에 대검에서 그 반대를 무릎쓰고 발령을 내기가 쉽지 않을 것으로 생각된다는 말씀이었다. 이기태 검사 말처럼 직무대리 발령은 나지 않았다. 알아보지는 않았으나 다른 검사가 갔을 것이다.

그 후 그 무섭다는 박준양 검사장은 나에게 아주 잘해 주셨다. 미안해서 그랬을 것이다. 총무부에 배치해서 기획 업무를 전담하도록 하고 사건은 다른 검사의 절반만 배당하도록 하였으며 대구지검에서 가장 유능하다고 알려진 직원(主事)을 입회서기로 배정해 주었다.

• 무서운 간부들

당시 검찰에서는 사건처리와 결재에 있어서 무섭고 독하기로 전국적으로 소문난 세 분의 검찰 간부가 있었다. 검사들 사이에서 3대 XX검사라고 불렸다. 그중 두 분이 내가 서울지검 초임 검사 때의 김태현 차장검사와 대구지검에서 검사장으로 모신 박준양 검사장이다. 그 무섭다는 두 분을 직접 모시면서 야단 한번 맞지 않고 무사히 지나갔다. 다른 한 분은 서울지검 초임검사일 때 서울고검 검사로 계시던 오희택 부장이다. 감찰을 담당하고 계셨는데 검사들을 서릿발같이 무섭게 대한다고 소문이 나 있었다.

나도 오희택 부장에게 사건과 관련하여 불려 간 일이 있다. 미성년자의제강간 구속사건을 배당받아 수사하였는데, 그 범죄는 친고죄로서 피해자의 고소가 있어야 처벌할 수 있는 범죄였다. 피해자가 미성년자였으므로 법정대리인인 친권자의 고소가 있어야 하는데, 당시 민법에서는 친권은 부(父)가 행사하게 되어 있고 부가 사망하였거나 친권을 행사할 수 없는 사정이 있을 때만 모(母)가 행사할 수 있었다. 부모가 공동으로 친권을 행사할 수 있도록 민법이 개정된 것은 한참 후이다. 그런데 기록을 검토하니 부(父) 아닌 모(母) 혼자서 고소한 것으로 되어 있었다. 정당한 고소권자가 아니므로 부(父) 이름으로 추가로 고소장을 제출하거나 부(父)가 검사실에 출석하여 피의자의 처벌을 원한다는 진술을 하여 달라고 요청하였다.

그러자 뜻밖에도 그 아버지가 다른 사람들은 모(母) 이름으로만 고소하여도 된다고 하는데, 왜 아버지를 나오라고 하느냐고 이의를 하였다. 법률의 규정을 들어 상세히 설명을 하였으나, 자기는 추가 고소장도 제출할 수 없고 출석하여 진술할 수도 없다고 막무가내였다. 그러면 적법한 고소가 없어 기소할 수 없으니 석방하여야 한다고 하자, 석방하면 안 된다고 펄펄 뛰면서도 추가고소장 제출이나 출석 진술을 하지 않겠다는 주장을 굽히지 않았다. 이 모든 과정이 전화 통화 또는 모(母)와의 간접 대화로 이루어졌다.

그 아버지는 외환은행 행원으로서 사리(事理)를 이해할 만한 사람이라고 생각되었는데 무슨 이유에서인지 고집을 꺾지 않는 것이었다. 구속영장 신청과 발부 단계에서 고소의 적법성 판단이 소홀하였던 것 같으나, 범죄 혐의가 분명한 피의자를 석방할 수는 없는 일이었다. 기소하려면 기소하기 전에 적법한 고소를 갖추어야만 한다.

방안을 강구한 결과 얼마 전 형사소송법이 개정될 때 증거보전의 일종으로 도입된 '공판전(公判前) 증인신문' 제도를 활용하기로 하였다. 그래서 서울지방법원에 피해자의 부(父)에 대한 '공판전 증인신문'을 신청하였고, 그 아버지가 판사 앞에 출두하여 피의자의 처벌을 원한다는 증언을 함으로써, 고소장을 대신한 증인신문조서를 첨부하여 피의자를 구속기소 할 수 있었다. 검사의 소환에 불응하는데 대한 처벌 규정은 없으나 판사가 증인으로 소환하는데 불출석하면 과태료를 부과할 수 있으므로 그 아버지가 할 수 없이 출석하였던 것이다.

그런데 문제는 공판전 증인신문을 마친 그 아버지가 나를 상대로 서울고등검찰청에 진정을 한 것이다. 피해자의 모(母) 이름으로 고소해도 되는데 부(父) 이름으로 고소해야 된다고 하면서 자기를 법원에 출석하게 하여 공판전 증언을 하도록 강요하였다는 내용이었다. 그 진정 사건을 오희택 부장이 담당한 것이다. 오희택 부장이 오라고 하기에 진술서를 작성하여 가지고 가서 제출하고 그 과정을 상세히 진술하였다. 오희택 부장은 잘했다고 칭찬하셨다. 그리고 많은 분들이 나에 대해서 좋은 말씀을 하시더라고 하였다. 그렇게 3대 XX 중의 세 번째 분과도 좋은 인연을 맺고 끝낼 수 있었다. 지금 와서 생각해 보면 그 아버지가 자기 명의의 고소장 제출이나 검사실 출석을 그렇게 결사적으로 거부하였던 이유는 집안의 불상사가 직장에 알려지는 것을 피하기 위함이 아니었든가 짐작된다.

• 무면허 침구사 구속 여파

다시 대구지검 이야기로 돌아가서, 신(新)정부의 방침에 따라 법무부에서 전국의 부장검사 이상 간부와 재직 15년 이상 된 검사 전원으로부터 사표를 받아 선별 수리하였다. 대구지검에서도 사표 수리된 부장이 있다. 사표가 반려된 어떤 부장은 자기는 재신임을 받은 것이라고 큰소리를 쳤다. 윗자리가 많이 공석이 되다 보니 대구지검의 수석검사였던 이기태 검사가 대구고검 검사 직무대리로 발령을 받고 차석이었던 나는 졸지에 우리나라 법조계의 요람 대구지방검찰청의 수석검사가 되었다. 비교적 편안하게 지내면서 검사를 1년씩 미국 로스쿨에 유학시켜 주는 법무부의 프로그램에 지원하기로 하고 토플시험을 보아 성적을 법무부에 제출했다.

어느 날 근무시간에 사무실 전화로 범죄 신고가 들어왔다. 대구 시내의 모처에서 한의사 면허도 없는 사람이 조수 한 사람을 데리고 많은 사람을 상대로 무면허 침구 행위를 하고 있으니 즉시 단속하여 달라는 내용이었다. 장소도 정확하게 지적하였다. 그대로 지나칠 수 없는 상황이었다. 수사과 직원 2명을 차출하여 그 장소로 보냈다. 얼마 후 수사과 직원들이 무면허 침구 행위를 하는 나이 많은 남자 1명과 조수로 일하는 여성 1명을 현행범으로 체포하여 데리고 왔다. 그들이 지금까지 작성하여 온 장부까지 챙겨 왔다. 현장에는 차례를 기다리는 환자들이 많이 있었다고 했다.

즉시 조사하여 보니 60대의 남성은 한의사도 아니고 침구사 면허도 없이 돌아가신 아버지로부터 배운 방법대로 대구에 가까운 청도군에서 간암, 간경화증 환자들을 상대로 침을 놓아주었고, 그것이 효험이 있다는 소문이 나서 많은 환자들이 찾아오게 되었으며, 여성 조수도 그 효과를 본 환자 중 1명으로 자진해서 도와주고 있다는 것이었다. 그러다가 찾아오는 환자가 많아지자 조수와 함께 대구로 올라와서 침을 놓아주게 되었다고 했다. 치료비는 별도로 요구하지 않았는데 환자들이 스스로 놓고 가는 돈을 받아 두었고, 돈을 받을 때마다 그 내역을 적어 둔 것이 수사과 직원들에게 제출한 장부라고 하였다. 청도에서부터 몇 년에 걸쳐 정확하게 작성한 장부였으므로 치료한 환자의 숫자 및 받은 금액이 정확하게 확인되었다. 각 개인으로부터 받은 돈은 큰 액수가 아니었으나 몇 년 치를 합하니 엄청나게 많았다. '보건범죄단속에 관한 특별조치법위반'죄 중에서도 큰 사건이 되었다. 바로 구속영장을 청구하여 발부받아 구속하였다. 신고 전화 한 통화로 손쉽게 큰 사건 하나를 인지한 셈이 되었다.

그런데 바로 다음 날부터 문제가 터졌다. 그 무면허 침구사의 사무실에서 가지고 온 자료 중에 그동안 치료한 환자들의 상태를 정기적으로 촬영하여 둔 여러 권의 사진첩이 있었는데, 위중할 때 찾아온 환자들의 상태가 침을 맞아가면서 계속 호전되어 가는 모습들로 채워져 있었다. 그런데다가 아침부터 그 사람의 침을 맞고 있다는 환자들이 사무실에 집단으로 몰려와서 자기들을 살려달라고 아우성치기 시작했다. 검찰청 경비원은 정문에서 환자들이 더 이상 들어오지 못하도록 막느라고 정신을 못 차리고 있었다.

그 사람이 구속되었다는 소식이 알려지자 검찰의 선배들을 비롯하여 나와 일면식도 없는 다른 부처의 장관 한 분까지 나에게 직접 전화를 하여 그 사람에게 큰 도움을 받았으니 가능한 한 선처를 부탁한다고 하였다. 위법한 일을 한 것은 사실이지만 많은 환자들을 살린 것도 사실이었다. 치료한 환자의 수와 받은 돈의 액수만 가지고 큰 사건이라고 판단하여 덜컥 구속까지 한 것이 과연 잘한 일인가 하는 의문이 들기 시작했다. 그러나 이미 법원에서 발부받은 영장으로 구속을 하였고 사안은 큰 사안이고 내가 직접 구속한 사람을 내가 곧바로 석방할 명분이 없기에, 그 사람에게, 나로서는 구속기소 할 수밖에 없어 빨리 기소해 줄 터이니 법원에 보석 신청을 해서 풀려나라고 조언을 했다. 당시는 기소 전(前)에 할 수 있는 구속적부심사제도가 없던 시절이었다. 즉시 기소하였고 판사의 보석허가여부에 대한 의견조회를 받고 "적의처리하시기 바랍니다"라고 회신하였다. 보석허가결정을 하여도 이의가 없다는 취지였다.

그 당시 대구지검에 초임으로 온 젊은 검사 한 사람이 간경화증으로 병원에서 주사를 맞았는데, 그것이 잘못되었는지 오히려 악화되어 고생하고 있었다. 그 검사가 나에게 상의하였다. 구속된 침구사가 그렇게 잘 고친다는데 나도 침을 좀 맞아볼 수 없겠느냐고 하였다. 위법행위라는 것은 알지만 젊은 검사를 도와주고 싶었다. 구치소에 수감되어 있는 침구사를 검찰청으로 소환하였다.

점심시간이 가까워질 때 사무실의 계장(입회서기)과 여직원에게 나는 나중에 식사를 할 터이니 먼저 나가서 식사를 하라고 내보냈다. 그리고 침구사를 검사실로 불렀다. 호송하여 온 교도관에게 내가 이 사람과 긴히 할 이야기가 있으니 자리를 좀 피하여 달라고 하였다. 교도관이 나가자 후배 검사를 나의 방으로 오라고 했다. 침구사에게 후배 검사의 사정 이야기를 하고 침을 한 번 놓아 줄 수 있겠느냐고 부탁하였다. 피고인에게 위법행위를 해 달라고 부탁한 것이다. 압수한 침은 사무실 캐비닛에 보관하고 있었다. 피의자는 그렇게 하겠다고 대답하였다. 자기를 구속한 검사의 부탁을 거절할 수 없었을 것이다. 내가 지켜보고 있는 가운데 그 사람은 후배 검사에게 침을 놓아 주었다. 그 후로 한두 번 더 그렇게 침을 놓아 준 것으로 기억된다.

얼마 후 침구사는 판사의 보석 결정으로 석방되었다. 그 후 판결이 어떻게 났는지는 알아보지 않았다. 공판 관여는 공판부 검사가 하고 있으므로 기소한 검사는 별도로 알아보지 않는 한 알 수가 없다. 집행유예 판결이 났을 것으로 생각한다. 무면허 침구사를 신고한 사람은 업무상 경쟁자인 정식 면허를 받은 한의사였을 것으로 짐작된다. 신고가 들어왔으니 바로 출동하여 현행범으로 체포해 온 것은 당연한 업무 집행이었다고 할지라도, 사건의 외형만 보고 곧바로 구속한 것은 성급한 업무처리가 아니었나 반성하지 않을 수 없었다.

한편, 위법한 행위를 했다는 이유로 내가 구속기소 한 사람으로 하여금 다시 위법행위를 하도록 부탁(지시에 가까울 것이다)한데 대해서는 변명의 여지가 없다. 그러나 만일 다시 똑같은 경우에 처하는 일이 생긴다고 하더라도 역시 똑같이 행동하게 되지 않을까 생각된다. 그때 침을 맞은 후배 검사는 그 덕분인지는 알 수 없으나 완쾌되어 그 후 검찰에서 오래 근무하다가 퇴직하였다.

• 고검장의 저술(著述)

당시 대구고등검찰청 이종원 고검장은 검찰총장 또는 법무부장관이 되기를 열망하고 그 사전작업으로 책을 한 권 저술하고 있었다. 그런데 그 실무작업을 대구지방검찰청의 젊고 똑똑한 나의 고등학교 후배 이종기 검사를 개인적으로 불러서 시켰다. 고검장의 지시에 따라 자료수집과 저술을 맡아 하고 있던 이종기 검사는 수시로 나에게 힘든 사정을 이야기하였다. 혼자서 감당하기에는 너무 벅찬 일이었다. 지방검찰청의 검사장과 차장은 이종기 검사의 사정을 알고는 있었지만 본연의 업무를 소홀히 한다고 못마땅해 하였다. 고검장은 지방검찰청의 또 다른 검사 1명을 불러 일을 나누어 시켰으나 마음에 들지 않는 것 같았다. 어느 날 고검장이 나를 오라고 하였다. 아무래도 나에게 일을 맡기려는 것 같아 미리 대답을 생각해 두었다. 예상했던 대로 고검장은 나에게 여러 사람에게서 말을 들었다고 하면서 글을 잘 쓰느냐고 물었다. 나는 작정한 바가 있었기 때문에 "저는 말로 하는 것은 자신이 있으나 글을 잘 쓴다고는 자신 있게 말할 수 없습니다."라고 대답하였다. 그래서 나는 그 일에 참여하지 않게 되었다. 책이 출간되고 청와대에 증정되었다고 했다. 얼마 지나지 않아 이종원 고검장은 법무부장관이 되었다. 이종기 검사는 바로 법무부 근무로 발령을 받아 그 측근으로 일했다. 그런데 공직사회에서 어느 한 사람의 최측근으로 알려지는 것은 금기라고 한다. 이종기 검사는 일시적으로 화려한 시절이 있기는 하였으나 한창 일할 나이에 쓸쓸하게 세상을 떠났다.

• 미국 유학 후 복귀

법무부에서 미국 미시간 대학교 로스쿨의 석사과정 유학생으로 선발되어 1982년 6월 말 미국으로 떠났다가 1년 후 귀국하여 대구지방검찰청으로 복귀하였다. 법무부와 대검찰청에 먼저 들려 귀국 인사를 하고 대구지검으로 와서 복귀신고를 하였다. 미국에 있으면서 검사장께 안부 인사와 아울러 보고 느낀 것을 전하는 편지를 틈틈이 올렸기 때문인지 반갑게 맞아 주셨다. 전(全) 직원 조회 때 내가 보낸 편지를 안경상 검사장께서 직접 읽어주셨다는 이야기를 미국에서 전해 듣기도 하였다. 머지않아 정기인사가 예정되어 있었고 나도 인사 대상자였으므로 인사 발령이 날 때까지 여유롭게 지낼 수 있도록 배려해 주셨다. 내가 미국으로 떠나면서 가족들은 서울 집으로 돌아갔기 때문에 나는 대구검찰청사 바로 맞은편에 있는 여관방 1개를 빌려 지내면서 매주 토요일 서울로 올라갔다가 일요일 밤에 돌아오는 생활을 이어갔다. 그리고 두 달 후에 서울지방검찰청으로 발령을 받아 다시 서울로 올라간다. 평검사로 두 번째 서울지검 본청에 근무하게 된다.

미국 미시간대학교 로스쿨

(1982. 7 - 1983. 5)

• 혼자 간 미국

법무부에서 미국 로스쿨에 유학생을 선발하여 보낼 때 석사학위 취득 의무를 부과하지는 않았으나 종래 미국에 유학하고 온 검사들은 거의 모두 석사학위를 취득하고 왔다. 미국 로스쿨에서는 법학석사(LL.M Master of Laws)와 비교법학석사(M.C.L. Master of Comparative Law) 두 가지의 석사과정을 두고 있다. 법학석사는 24학점 이상 취득하고 학점 평균이 B 이상 되어야 한다. 비영어권 유학생의 경우 법학석사 과정에 입학하려면 2년 이상 재학할 것을 권장하고 있었다.

나는 유학 기간이 1년으로 정해져 있었지만 법학석사 과정을 지원하였다. 국내에서 법과대학을 나오지 않았으므로 이를 보충하기 위한 목적도 있었다. 법학사의 학위가 없는 관계로 법학석사 과정에 받아줄 것인지 내심 불안하기는 하였으나 사법연수원 2년의 수

료증명서와 성적증명서로 석사과정에 입학허가 되었다. 사법연수원 동기이자 고등학교 2년 선배인 조용국 검사(사진 왼쪽)와 함께 가게 되어 마음이 놓였다. 1년 동안 조용국 선배 부부의 도움을 많이 받게 된다. 조용국 선배는 어린 남매도 데리고 오셨다. 학교에서는 비영어권 국가 출신 인문사회계열 대학원 신입생들에게 9월 학기에 입학하기 전 2개월간 학교에 개설된 ELI(English Language Institute) 과정을 마치도록 의무를 부과하고 있었다. 이공계열 대학원 신입생에게는 그러한 의무가 없다.

미시간대학교가 소재한 앤아버(Ann Arbor)는 디트로이트(Detroit)로부터 40마일 떨어진 곳에 있었다. 나는 가족을 동반하지 않고

혼자 가게 되었으므로 학교 기숙사를 신청하여 7월 1일 기숙사에 입사(入舍)하였다. 학교에는 여러 동(棟)의 기숙사가 있었는데 ELI 과정을 수학하는 두 달은 여름방학 기간 중이었으므로 모든 기숙사는 거의 텅 비어 있었다. 앤아버는 도시 자체가 학교였으므로 도시 전체가 텅 비어 있었다고 해도 과언이 아니었다. ELI 과정에서 만나는 교수나 강사와

학생들을 제외하면 길에서 다른 사람을 마주치는 일도 거의 없었다. 커다란 기숙사 건물에서 혼자 두 달을 지내려니 외로움이 밀려왔다. 넓은 감옥이구나 싶었다. 징역 1년을 사는 것과 마찬가지라는 생각이 들었다. 어느 날 아내에게 편지를 쓰다가 갑자기 눈물이 쏟아졌다. 한없이 눈물이 흘렀다. 몇 번을 눈물 젖은 편지를 찢고 또 찢었다. 겨우 편지쓰기를 마쳤다. 일생 그렇게 눈물을 흘린 일이 없다. 사실 나는 외국에 나가서 1년을 보낼 형편이 되지 않았다. 어머니는 항상 어딘가 편찮으셨고 더욱 그 무렵에는 양안(兩眼) 백내장 수술을 앞두고 있었으며, 3살에서 5살배기 어린 3남매가 있었다. 내 욕심 때문에 아내와 일하는 이모에게 모두 맡기고 혼자 미국으로 떠난 것이다. 일생 갚을 수 없는 빚이다.

• 일본 검사 2명

대학원 과정에 들어와 보니 일본 정부에서 유학 보낸 검사 2명이 있었다. 그중 한 검사는 나보다 2살 아래로 교토(京都)대학교 공과대학 기계공학과를 졸업하고 사법시험에 합격해서 검사가 되었다고 했다. 나와 같은 길을 걸어온 검사이다. 1년 기간으로 왔는데 석사과정에 들어온 것이 아니고 방문학자(visiting scholar) 자격으로 왔다고 했다. 강의를 듣기는 하나 시험은 물론 보지 않고 공부가 목적이 아니라 미국의 문물을 배우고 영어에 능통하게 되는 것이 목적이라고 했다. 결혼은 했다고 하는데 배우자는 동반하지 않았다. 다른 검사는 훨씬 나이가 적은 20대의 젊은 검사였는데 2년 기간으로 석사(LL.M)과정에 들어왔다고 했다. 나와 똑같은 석사과정을 나보다 2배의 기간 동안에 마치는 것이다.

그런데도 그 검사는 나보다 훨씬 열심히 공부했다. 내가 밤 11시경 도서관에서 나갈 때 그 친구는 항상 공부하고 있었다. 그 검사는 아직 미혼이었다. 우리나라처럼 2명의 검사를 특정한 임무를 주지 않고 알아서 하라고 보내는 것보다 각자에게 다른 임무를 주어서 보내는 것이 실효성 있는 정책이 아닐까 생각했다. 1994년 부산지방검찰청 1차장검사로 재직할 때 부산지검을 방문한 일본 검사 일행에게 미시간대학교에서 방문학자로서 나와 함께 공부하였던 일본 검사의 근황을 물어보았더니, 검사총장(우리나라의 검찰총장) 비서실장으로 있다고 하였다.

• 컴퓨터 게임장의 준법정신

입학해서 얼마 지나지 않았을 때 젊은 헌법학 교수가 외국에서 온 학생들 10여 명에게 컴퓨터 게임장을 구경시켜 준다고 데리고 갔다. 컴퓨터 게임이 막 유행하기 시작하던 시기이다. 그런데 입구에 '21세 미만 입장 불가'라고 게시되어 있었고 입구를 지키는 경비원이 입장하려는 사람 모두에게 신분증의 제시를 요구하고 있었다. 나는 학교에서 발행한 학생증을 제시했다. 그러자 경비원은 사진이 부착되어 있지 않기 때문에 안 된다고 하였다. 다른 학생들은 사진이 부착된 운전면허증을 제시하여 통과했으나 나는 차가 없었기 때문에 운전면허를 받지 않고 있었다. 외국에서 온 대학원생이고 35세라고 아무리 말해보아야 소용이 없었다. 외모로 보나 무엇으로 보나 내가 21살이 넘지 않았다고 어떻게 생각할 수 있겠는가? 그러나 요지부동이었다. 결국 먼저 들어갔던 교수가 내가 안 들어오자 되돌아 나와서 설명을 하고 보증을 서서 겨우 들어갈 수 있었다. 미국 시민들이 얼마나 철저히 법을 지키는지 알 수 있었다. 우리나라처럼 청소년들이 입장할 수 없는 장소에 신분증을 확인하지 않고 입장을 시키거나 술 담배를 팔다가 적발이 되었을 때, 외모로 보아 성년자인 줄 알았다고 변명하는 것은 통할 수 없는 나라였다. 사진이 부착된 신분증으로 연령을 확인하고 들여보내라고 법에서 명령하면 이를 철저히 지키는 나라였다. 내가 〈Strict Liability(엄격책임)〉라는 제목으로 졸업논문을 쓰게 된 것은 그 영향에 의한 것이다.

• 아르바이트생의 재량권

학생들과 함께 생맥주집에 갔을 때이다. 지나가는 웨이터에게 1잔을 추가로 주문하였다. 그런데 가져오지 않는 것이었다. 한참을 기다리다가 아무래도 잊어버린 것 같기에 그 웨이터를 다시 불렀다. 그리고는 아까 주문한 생맥주가 왜 이렇게 늦느냐고 하였다. 웨이터는 내 말을 듣더니 깜빡 잊어버리고 주문을 넣지 않았다고 사과하면서 자기 잘못이니까 그 값을 받지 않고 갖다 드리겠다고 했다. 그리고는 곧바로 가지고 오면서 정말로 그 값을 받지 않았다. 아르바이트생으로 보였다. 내가 놀란 것은 윗사람에게 보고나 상의도 없이 아르바이트생 독자적으로 값을 받지 않겠다는 결정을 하였다는 점이다. 아래 사람에게 그런 재량을 준다는 것이 얼마나 놀라운 일인가?

• 박명광 교수와 전춘택 박사

가족 없이 혼자 살다 보니 토, 일 주말을 보내는 것이 가장 문제였다. 미국에서는 모든 생활이 가족 중심이어서 결혼을 해서 가정을 가지고 있는 대학원 유학생 중심의 앤아버에서 주말을 함께 지낼 사람을 찾기가 어려웠다. 그런 사정을 예상한 당숙 한 분이 내가 미국으로 떠나기 전에 친구인 경희대학교 상경대학의 박명광 교수를 소개해 주었다. 박 교수는 나보다 2살 연상으로, 나보다 1달 전 미시간주의 북쪽 새기노(Saginaw)라는 작은 도시에 있는 Community College의 교환교수로 갔다가 1년 후 나와 같은 시기에 귀국한다고 하였다. 미국에 있는 기간이 절묘하게 일치하였다. 주말에 할 일이 없으면 그 집에 가서 지내기로 양해를 받아 놓았다. 박 교수는 귀국 후 경희대학교 부총장까지 지내고 국회의원도 하게 된다.

앤아버에서 버스로 1시간이면 가는 자동차의 도시 디트로이트에 고등학교와 서울대 기계공학과 동문인 전춘택 박사가 살고 있었다. 미국 동부의 명문 브라운 대학에서 자동차 전공으로 공학석사, 박사 학위를 받고 디트로이트에 소재한 자동차 회사 지엠(GM), 크라이슬러(Chrysler)를 거쳐 포드(Ford)에서 부인과 아들 하나와 함께 수석연구원으로 재직하고 있었다. 훗날 귀국하여 쌍용자동차 부사장으로 재직하다가 다시 미국으로 돌아갔다. 학창 시절 아주 친하게 지냈고 부인과도 잘 알고 있었으므로 주말에 자주 놀러 가겠다고 미리 이야기하여 놓았다.

미국 생활이 시작되어 주말에 할 일이 없을 때는 두 집에 번갈아 가면서 신세를 졌다. 가까운 전춘택 박사의 집을 자주 갔고, 그레이하운드 고속버스로 3시간 정도 걸리는 박 교수의 집은 금요일 수업이 끝난 후에 갔다가 일요일에 돌아오는 2박 3일의 일정이 가능할 때를 택해서 갔다. 디트로이트에는 고등학교와 대학교 선후배들의 모임이 자주 있어 함께 즐거운 시간을 보낼 수 있었다. 그리고 가끔 한국에서 오는 자동차 업계 임원들의 강연을 들을 기회도 있었다.

박명광 교수는 독실한 기독교 신자이기 때문에 금요일 저녁에 갔다가 일요일 아침이 되면 자연히 한인교회에 함께 가게 되었다. 그런데 미국에 있는 대다수 한인교회처럼 그 교회도 목사를 지지하는 신도들과 반대하는 신도들 간의 분쟁이 발생하였다. 그 지역의 교포들은 한국에서 온 교환교수라고 하여 모두 박 교수를 존경하고 그 의견을 존중하였다. 그리고 양측에서 모두 자기편으로 끌어들이려고 했다. 박 교수는 처음에는 양측을 어떻게 해서든지 화해시키려고 노력하였으나 도저히 되지 않자 목사 편에 서기로 결정하였다. 그리고 많은 신도들 앞에서 단호하게 자신의 결심을 밝혔다. 함께 앉아 있는 나를 바라보며 "채 검사님 생각은 어때요?" 하고 물으면 나는 "맞습니다", "그렇습니다"라고 맞장구를 쳐주면 되었다. 반대편 신도들이 교회를 떠나갔고 신도 수는 조금 줄었지만 평화가 찾아왔다. 박 교수가 나에게 이렇게 말했다. "친구 두 사람이 서로 틀어져서 도저히 화해를 시킬 수 없을 때 어느 편도 들지 못하겠다고 하면 두 친구를 모두 잃는다. 그러나 어느 한쪽을 택하여 편을 들면 친구 한 사람은 잃게 되겠지만 평생 친구 한 사람을 얻게 된다." 인생의 고수(高手)였다. 훗날 박 교수가 정치를 할 때 Saginaw 교민들은 열렬한 지원군이 된다.

• 미국의 위기 대처 시스템

어느 금요일 오후 수업이 끝나자마자 기숙사에 들르지 않고 바로 Saginaw로 가려고 학교도서관으로 가서 내 라커(Locker)에 책가방을 넣고 맹꽁이자물쇠를 잠근 후 그레이하운드를 타고 박 교수의 집에 갔다. 이틀 밤을 자고 일요일 늦은 밤 다시 버스를 타고 학교로 돌아와 책가방을 꺼내기 위하여 도서관으로 들어가 라커를 열려고 하였으나 열쇠가 없었다. 라커 열쇠를 책가방에 넣은 채 밖에서 자물쇠를 잠그고 Saginaw를 다녀온 것이다. 기숙사 방 열쇠도 가방 안에 있었다. 라커를 열지 못하면 기숙사 방에도 들어가지 못한다. 잘 곳이 없게 되는 것이다. 낭패였다. 누구에게라도 도움을 청해야 하는데 일요일 늦은 밤이 되어 도서관 안은 물론 밖으로 나가 보아도 주위에 아무도 없었다.

도서관에 다시 들어가 걱정을 하고 있는데 콘크리트 기둥에 'Emergency'라고 붉은색으로 크게 쓰여 있고 그 아래에 전화번호가 적혀 있었다. 911이 아닌 일반 전화번호였던 것으로 기억한다. '맞다. 지금의 내 상황이 비상(Emergency)이다'라고 생각하고 도서관 내 공중전화로 전화를 걸었다. 받은 사람은 경찰관이었다. 내가 처한 상황을 설명하였다. 다 듣고 나더니 학교에서 가장 가까운 Locksmith(열쇠수리공)의 전화번호를 알려줄 테니 그리로 전화하여 도움을 청하라고 하였다. 알려준 전화번호로 전화를 하였더니 Locksmith가 받았다. 일요일 밤인데도 일하고 있었던 것이다. 사정 이야기를 하니까 "당신 학교에 그런 일을 해 주는 부서가 있는데 그 전화번호를 알려줄 테니 그리로 전화를 하라"고 하였다. 학교에 그런 일을 해 주는 부서가 있다는 말을 들은 일도 없고 설사 그런 부서가 있다고 하더라도 일요일 밤에 나와 있을 리 없다고 생각되었으나 그 번호로 전화를 하였다. 놀랍게도 바로 전화를 받았다. 똑같은 상황설명을 되풀이하였다.

  10분도 안 되어 나이가 상당히 든 남자가 공구 상자를 들고 나타났다. 나에게 이 라커(Locker)가 당신 것이라는 것을 어떻게 증명할 수 있느냐고 물었다. Locker를 열어주면 그 안에 증거가 있다고 하였다. 그 사람은 펜치로 자물쇠를 부수고 문을 열어주었다. 나는 가방 안에 들어있는 책과 물건들로 내 Locker라는 것을 증명해 보였다. 정말 고마웠다. 나 같은 사람을 위하여 일요일 밤에도 자리를 지키고 있다니! 얼마를 드리면 되느냐고 물었더니 "It's my Job!"이라고 하고는 뒤도 안 돌아보고 갔다. 감동이었다.

  일요일 깊은 밤 Emergency → Locksmith → 학교로 이어진 일련의 과정은 한 편의 드라마였다. 휴일의 깊은 밤, 세 곳의 담당자는 모두 제자리를 지키고 있었다. 전화가 울리자마자 받았다. 자기네 일이 아니라거나 관할이 아니라는 말도 하지 않았다. 생각해 보면, Emergency는 사람의 생명과 신체에 급박한 위험이 닥친 상황을 말하는 것이지 자물쇠를 열지 못하는 경우까지 어떻게 Emergency 라고 할 수 있는가? Locker를 열어주는 것이 어떻게 경찰의 일인가? 그런 일이라면 Locksmith를 찾아가라고만 해도 자기 직분을 다 하는 것일 텐데 어찌 학교에서 가장 가까운 Locksmith의 전화번호까지 직접 찾아서 알려주는가? Locksmith는 자기가 직접 와서 자물쇠만 열어주면 약간의 돈벌이라도 될 터인데 어찌 학교의 담당부서 전화번호를 알려주는가? 학교의 직원은 일요일 깊은 밤 어찌 이렇게 성실하게 제자리를 지키고 있는가? 이것이 선진국의 모습이구나! 물론 시스템이 잘 만들어져 있는 것이 첫째 요인이다. 그러나 시스템이 잘 만들어져 있다고 해서 일이 잘 돌아가는 것은 아니다. 그 일을 맡은 사람들의 시민의식과 책임감이 투철해야 한다. 우리나라는 언제 이렇게 될 수 있을까? 깊은 상념에 잠겼다.

• 졸업과 귀국

1983년 5월, 1년간의 학업을 마치고 법학석사(LL.M) 학위를 취득하였다. 디트로이트에 있는 전춘택 박사 가족이 졸업식에 참석하여 축하해 주었다. 미국 여러 도시에 살고 있는 친척과 친구, 친지들을 찾아보고 한국 회사의 독일 지사 주재원으로 근무하는 이종사촌을 찾아본 후 6월에 귀국하였다. 법학석사 학위는 검찰 재직 중에는 별로 활용할 기회가 없었으나 그 학위를 가지고 나중에 국내에서 대학원 박사과정에 입학하여 법학박사 학위를 받았고 그 박사 학위로 변호사 시절 상명대학교 법학과의 석좌교수로 임용되어 학생들을 가르치는 기회를 가지게 된다.

서울지방검찰청 검사 II

(1983. 8. 17. - 1985. 3. 11.)

• 재기수사명령사건 공소시효 완성

8년 만에 다시 돌아온 서울지방검찰청에서 1년 7개월 동안 형사2부에 이어 특별수사1부의 수석검사로 일했다. 형사2부에 근무할 때는 김영은 부장, 강원일 차장, 이종남 검사장을 모셨고, 특수1부에서는 송종의 부장, 정경식 차장, 이종남 검사장을 모셨다.

형사2부에 배치되어 지방의 부장검사로 승진해 간 선배 검사의 미제사건을 인계받았는데 캐비닛 2개가 기록으로 가득 차 있었다. 검사 1명이 가지고 있는 그런 기록 더미는 그때까지 본 일이 없었다. 기록은 모두 두꺼웠을 뿐 아니라 사건들 대부분이 검사들이 말하는 소위 '고래힘줄' 같은 사건들이었다. 사실 인정이나 법률적용이 복잡하고 사건 당사자들이 필사적으로 다투어 쉽사리 결론을 내지 못하는 사건을 말한다. 형사부의 수석검사들이 처리하는 사건은 대체로 그런 사건들이다. 그에 더하여 신건(新件)들이 계속 배당되어 왔으므로 그야말로 밤낮을 가리지 않고 휴일에도 출근하여 사건을 처리할 수밖에 없었다.

그러던 중 전임 검사가 장기(長期) 미제로 남겨놓고 간 대검찰청의 재기수사명령 사건기록을 검토하게 되었다. 서울지검 검사가 고소사건을 수사하여 불기소결정을 하자 고소인이 불복하여 서울고등검찰청에 항고를 하였고, 서울고검 검사가 항고를 기각하자 고소인이 대검찰청에 재항고를 하였는데 대검찰청 검사(검사장)가 고소인의 재항고를 이유 있다고 판단하여 서울지방검찰청에 재기수사명령을 한 사건이었다. 재기수사명령 사건은 신속히 처리하는 것이 원칙인데 전임 검사가 그대로 남겨놓고 가버린 것이다.

그런데 그 사건의 범죄 사실을 읽어보니 그것만으로 이미 공소시효가 완성되었음을 알 수 있었다. 고소인은 공소시효가 많이 남은 상태에서 고소를 했는데 서울지검의 불기소결정과 이에 따른 항고, 재항고를 거치다 보니 시일이 지체되어 대검 검사가 재기수사명령을 하였을 때에는 공소시효가 1주일 정도밖에 남아 있지 않았고, 기록 송부 절차를 거쳐 내 전임자가 사건을 배당받은 때에는 공소시효가 3, 4일 정도밖에 남아 있지 않았으며, 배당받은 채로 캐비닛에 들어 있다가 내가 인계받은 것이었다. 전임 검사가 그 사건을 배당받고 읽어보지도 않은 것으로 보이기는 하나 설사 기록을 받은 즉시 읽어보았다고 한들 그 복잡하고 끈질긴 사건을 3, 4일 내에 수사를 마치고 결정을 한다는 것은 물리적으로 불가능한 일이었다. 그러나 어쨌든 검사는 공소시효가 설사 1, 2일밖에 남지 않았다고 하더라도 밤을 새워서라도 수사를 해서 공소시효가 끝나기 전에 기소든 불기소이든 결정을 내려야 하는 것이 주어진 임무라고 할 수 있다. 수사가 미진한 상태에서 공소시효가 임박해질 때에는 일단 기소를 해 놓고 보완 수사를 하는 방법도 있을 것이다. 재기수사명령에 의하여 다시 수사한 결과 기소하게 될 경우에는 서울지검 내의 결재라인을 거쳐 기소하면 끝나지만, 또다시 불기소하려고 하면 서울지검의 결재라인을 거친 후 재기수사명령을 내린 대검 검사의 승인을 받아야 한다. 그 사건은 어차피 공소시효 완성을 이유로 불기소 결정을 해야만 하는 사건이었지만 내 전임자인 선배 검사에게 가능한 한 책임이 돌아가지 않도록 해 주고 싶었다. 사실 책임의 큰 부분은 재기수사할 시간 여유를 충분히 주지 않고 뒤늦게 재기수사명령을 내린 대검 검사에게 있다고 할 것이다.

그런데 그 사건을 불기소(공소권 없음)하려면 서울지검 내의 결재를 거쳐 그 대검 검사의 승인을 받아야 한다. 딜레마에 빠졌다. 그렇다고 결정을 안 하고 마냥 붙들고 있을 수도 없는 일이었다. 할 수 없이 불기소장에 피의사실의 요지를 기재한 후, 이 사건은 이미 공소시효가 완성되어 공소권이 없다는 취지로 간단히 끝을 맺었다. 그리고 결재를 올리면서 공소시효가 완성된 것이 전임 검사의 책임이 아니라는 것을 부장, 차장, 검사장에게 보고하는 취지에서 '이 사건은 공소시효 완성 7일 전 대검에서 재기수사명령을 하고 3일 전 검사에게 배당 되었습니다'라고 쓴 부전지(附箋紙)를 붙여 결재를 올렸다. 그 부전지는 검사장의 결재까지 마친 후 사건과에서 대검 검사의 승인을 받기 위하여 기록을 대검에 보낼 때

떼어낼 것으로 생각하고 있었다.

얼마 후 대검 검사가 나에게 올라오라고 하였다. 당시는 덕수궁 옆의 검찰종합청사에 대검, 서울고검, 서울지검이 함께 있어 몇 개 층만 올라가면 되었다. 대검 검사 방에 들어가 책상 앞에 서는 순간 가슴이 철렁 내려앉았다. 책상 위에 그 기록이 놓여 있는데 내가 붙여 놓은 부전지가 그대로 붙어 있었다. 지검 사건과에서 대검으로 기록을 보낼 때 그 부전지를 떼어내지 않고 그대로 보낸 것이다. 그 부전지를 보면 마치 내가 재기수사명령을 한 대검 검사를 비난하는 것처럼 보일 것이다. 어쩌면 내가 그 부전지를 대검 검사에게 직접 보라고 붙여 놓은 것으로 오해할 수도 있을 것이다. 대검 검사는 나에게 소파에 앉으라고 한 후 부전지에 대해서는 일절 언급이 없이 전임 검사를 몰아세웠다. 아무리 시일이 촉박하더라도 공소시효가 완성되기 전에 결정을 했어야 한다는 것이다. 나는 가만히 듣고 있는 수밖에 없었다.

한참을 야단치다가 대검 검사가 말했다. 공소시효 완성을 이유로 공소권 없음 결정을 하였다는 통지서를 고소인이 받으면 온갖 난리를 다 칠 테니 공소권 없음 결정을 하되, 그 이유의 설시(說示)에서 피의사실 자체가 증거불충분으로 무혐의라고 할 것이나 공소시효가 완성되어 할 수 없이 공소권 없음 결정을 한다고 기재를 하면 어떻겠느냐고 나에게 물어보셨다. 대검 검사는 증거불충분인 이유까지 상세히 일러 주셨다. 기록을 열심히 보신 것 같았다. 자신이 재기수사명령을 내린 사건에서 재기수사명령 사유를 반박할 사유를 나에게 일러 준 것이다. 사실 나는 공소시효가 완성된 사건이기 때문에 내용은 자세히 검토하지 않아 잘 모르고 있었다. 그 말씀에 따라 불기소장의 이유를 새로 써서 다시 결재를 올렸고 최종적으로 그 대검 검사의 승인을 받아 불기소결정 하였다.

그 후 그 사건의 고소인이 공소시효를 도과한 사실에 대하여 항의를 하였다는 말은 들어보지 못했다. 대검 검사와 전임 검사의 업무처리 지연에서 비롯된 일이었지만 그러한 방식으로 불기소장을 작성한 것이 고소인의 불만을 어느 정도 잠재우는 효과가 있었구나 생각되었다. 그 사건을 나에게 남겨주고 간 전임 검사는 잘 아는 선배 검사였는데 나는 그 선배에게 그 사건으로 인하여 곤욕을 치렀다는 말은 그때에도 그 후에도 일절 하지 않았다.

• 이종대, 문도석 연쇄 총기살인 사건

검사가 사건을 배당받으면 가장 먼저 살펴보아야 하는 일이 공소시효 문제이다. 발생 후 3년 이상 지난 사건이면 무조건 공소시효 완성 여부부터 확인해 보아야 한다. 그런데 검사들이 공소시효를 무심히 지나치는 일이 의외로 많다. 대검에 근무할 때 지방에 사무감사를 가거나, 부장, 차장, 지청장으로서 결재를 할 때 공소시효가 완성된 사건을 기소하였거나 기소하려는 경우를 가끔 보고 지적을 했다. 유능하다고 알려진 검사들도 그런 실수를 가끔 한다. 그리고 원래 공소권 없음 결정을 할 때에는 범죄사실이 인정되는가의 여부에 대한 판단을 할 필요가 없지만, 가끔 본안에 대한 실체 판단을 해야만 할 경우가 있다. 특히 살인 사건에서 범인이 사망한 경우, 범행이 인정된다는 것을 상세히 설시한 후 피의자가 사망하였다는 이유로 공소권 없음 결정하는 것이 원칙이다.

내가 검사로 발령받을 때를 전후(前後)한 1972년부터 1974년까지 2년 동안 이종대, 문도석이라는 두 사람의 연쇄 총기난사 강도살인 사건이 일어났다. 우리나라 연쇄 총기살인 사건의 효시라고 할 만한 유명한 사건이다. 교도소 동기인 두 사람이 출소한 후 카빈총과 승용차를 절취, 탈취하여 전국을 누비면서 수차례의 강도살인 행각을 하다가, 결국 두 사람 모두 마지막으로 자신들의 가족까지 살해한 후 자살로 막을 내린 사건이다. 2년 동안 전 국민을 두려움에 떨게 했다.

당시 그 사건의 주임검사는 서울지검의 백광현 형사 제2부장검사였다. 서울지검의 부장검사는 과중한 업무부담 때문에 특정 사건의 주임검사를 맡지 않는 것이 관례였지만 특별히 중요한 사건인 경우에는 직접 주임검사를 맡는 일도 있었다. 범인들의 자결로 사건이 막을 내리자 사건의 결정문을 작성해야 했다. 백광현 부장은 형사2부의 막내 검사인 나에게 불기소장 작성을 맡겼다. 이 사건은 우리나라의 범죄사에 길이 남을 사건이고 그 수사기록도 영구

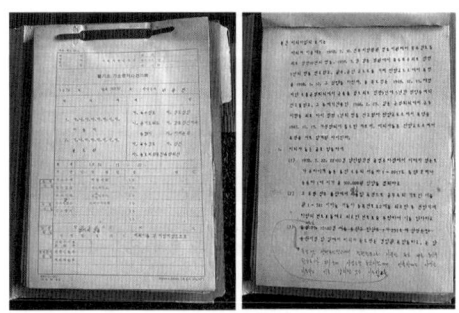

히 보존될 것이므로 불기소장을 판결문 작성하듯이 상세히 작성하라고 하였다. 나는 수천 페이지에 달하는 수사기록을 정독하고 판결문 작성하

듯이 범죄사실과 증거, 법률의 적용을 상세히 기재한 후 '피의자들의 범행은 모두 인정되나 피의자들은 1974년 7월 25일 및 26일 사망하였으므로 공소권 없음으로 불기소결정 한다'라고 끝을 맺었다. 그 불기소장과 사건기록은 검찰청의 사료관에 영구히 보존되어 있을 것이다(사진 : 불기소장 초고).

• 특수부 수사의 특성

전임 검사로부터 물려받은 사건들을 정리하고 나에게 새로 배당된 사건들과 씨름하다가 특수1부 수석검사로 이동되었다. 가장 반가운 일은 처리하지 못한 채 남아 있는 골치 아픈 사건들을 후임에게 넘겨주고 떠날 수 있다는 사실이었다. 특수부는 사건을 인지(認知)하여 수사하는 부서이므로 경찰에서 송치된 사건은 특별한 경우가 아니면 배당받지 않는다. 따라서 남아 있는 미제사건을 모두 후임에게 인계하고 떠나는 것이다. 이 과정에서 너무 많은 사건들을 남겨 놓고 가면 후임 검사로부터 비난을 받게 되므로 잘 처리하고 떠나야 한다.

반면 특수부에서는 전임 검사로부터 인계받는 사건이 거의 없다. 관련 자료만 인계받는다. 특수부에서는 사건을 직접 인지하거나 대검의 지시사건, 감사원의 이첩사건 등을 처리하는 것이 주 임무였다. 또 특수사건 수사의 성격상 단독으로 수사하기보다는 특수1부 검사 전원, 심지어는 특수3부 검사 전원까지 합하여 합동으로 수사하는 사건도 자주 있었다. 당시 특수2부는 다른 기관에 파견되어 근무하는 분이 서류상 부장검사로 임명되어 있을 뿐 검사는 한 명도 배치되지 않은 유령부(幽靈部)였다. 사건을 인지할 때에도 부장검사 주재 하의 검사 회의에서 그 사건을 특수부에서 인지 수사하는 것이 적절한지, 수사한다면 그 시기를 언제로 할 것인지, 어느 검사가 주임 검사가 되고 어느 검사가 보조를 할 것인지 등을 정하여 수사에 착수하였다. 따라서 특수부에서 처리한 사건 중에서 특히 내가 수사한 사건이라고 내세우기는 적절하지 않은 사건이 많다. 그리고 세월이 흐른 후에도 외부에 공개하기 어려운 사건들도 있다.

• 부장검사를 운전기사로

특수1부장은 송종의 부장이었는데, 대전지방검찰청 강경지청의 평검사로 근무할 때 충남 논산군 양촌면에 있는 맹지(盲地)인 국유림을 매입하여, 도로를 내고 밤나무 등을 식재한 후 강경지청에서 떠난 후에도 주말이면 내려가 농사를 짓고 올라오곤 하였다. 그래서 검사들 사이에서는 '밤나무 검사'로 불리고 있었다. 가을에 밤을 수확할 때가 되었을 때, 송종의 부장이 부(部)의 검사 4명을 데리고 농장으로 내려가 1박 하면서, 검사들에게 밤을 가지고 갈 수 있을 만큼 가지고 가라고 하여 각자 농장에서 밤을 주워 1포대씩 짊어지고 서울로 올라온 일이 있다.

당시에는 승용차를 가진 검사가 드물었는데 송종의 부장은 주말마다 농장에 다녀와야 했기 때문에 중고 자동차 1대를 사서 직접 운전하고 다녔고, 그때에도 검사들을 태우고 부장이 직접 운전을 하였다. 앞자리 조수석에 타고 있는 나에게 부장이 물어보았다.

"대통령의 운전기사 직급이 어떻게 되는 줄 알아?", "모르겠습니다" 하였더니 "대통령 운전기사는 총경이야. 그런데 너는 부장검사에게 운전을 시키니 대통령보다도 높은 것 아니냐?"라고 하였다. 총경은 경찰서장의 계급으로서 4급 서기관 대우를 받고 있었고 부장검사는 1급 차관보 대우를 받고 있었다.

그 시기 전국적으로 사기 범죄가 기승을 부리고 있었고 돈을 빌리고 갚지 않는 사례가 폭증하였다. 채무불이행죄를 신설해야 한다는 여론이 비등하였으나 단순한 민사사안을 형사처벌할 수 있는가 하는 회의론도 만만치 않았다. 법무부에서 채무불이행죄를 형사처벌할 수 있도록 하는 입법이 가능한가 하는 문제를 검토하고 있다고 하였다. 나는 개인적으로 사기죄에 대한 자료검토와 연구에 착수하여 사기죄의 유형과 각 유형에 따른 수사요령, 문제점 등을 정리하여 두툼한 보고서를 작성하였다. 특히 채무불이행과 밀접한 관계가 있는 계사기(契詐欺), 차용(借用)사기 등에 초점을 맞추었다. 그 보고서를 송종의 부장에게 제출하였다. 보고서를 읽은 송종의 부장은 "명불허전(名不虛傳)이구먼"이라고 하였다.

1984년 연말 법무부의 지시로 사기죄에 관한 자료 수집차 법무부 검사 1명과 함께 일본 법무성을 방문하였고, 그 해 종무식에서 검찰업무유공으로 법무부장관 표창을 받았다. 1985년 2월 12일 제12대 국회의원 선거가 치러졌고 이어진 3월의 정기인사에서 나는 고등검찰관(부장검사)으로 승진하여 대구지방검찰청 상주지청장으로 가게 된다.

3부
상주에서 서초동까지

·····

대구지방검찰청 상주지청장
대검찰청 전산관리담당관
국회 법제사법위원회 전문위원
서울지방검찰청 부장검사
창원지방검찰청 진주지청장
차장검사
서울지검 북부지청장에서 퇴직까지

대구지방검찰청 상주지청장

(1985. 3. 12. - 1986. 5. 5.)

• 인생 최초의 기관장

대구지방검찰청 상주지청의 관할은 경상북도 상주군(상주군에 속해 있던 상주읍은 재임 중 상주시로 승격), 문경군(문경군에 속해 있던 점촌읍은 역시 재임 중 점촌시로 승격), 예천군으로서 검사의 정원은 지청장 포함 3명이었으나 1명이 공석으로 있었고 내가 발령을 받을 때에도 재직하고 있던 1명의 검사만 교체되고 1명의 공석은 계속되었다. 서울지검 동부지청에서 상주지청으로 오게 된 주대경 검사는 듬직한 인품에 능력도 뛰어나다고 알려져 있어 마음 든든하였다. 내 인생 최초의 기관장이었고 또한 인생 처음으로 가는 곳이었다.

• 벼락출세한 스페어 운전기사

서울의 아파트를 회사의 독일 주재원으로 근무하다가 때마침 귀국한 이종사촌에게 집을 구할 때까지 살고 있으라고 내어주고 어머니와 아내, 3자녀와 함께 상주지청장 관사로 이사하였다. 장남과 딸은 상주초등학교 2학년, 1학년으로 전학시키고 막내아들은 원광유치원으로 들여보냈다. 서울에는 특별한 볼 일이 없으면 갈 필요가 없어 상주에 상주(常住)하게 되었다. 주말이나 공휴일이 되면 관내의 유적지나 명승지를 두루 돌아볼 계획이었다. 휴일에는 관용차를 사용할 수 없으므로 휴일에만 사용할 개인 운전기사 1명을 쓰기로 했다. 청의 직원에게 그런 조건으로 운전기사 1명을 찾아보라고 했다.

그 직원은 상주읍 소재 택시 회사의 스페어(spare) 기사 대기실로 가서 기사들을 이모저모 관찰하다가 품성이 좋아 보이는 기사 1명을 택하여, 휴일에만 지청장 개인 운전기사를 할 의사가 있느냐고 물어 승낙을 받았다고 하면서 데리고 왔다. 만나보니 성실해 보였다. 상주군 화동면 출신으로 고등학교를 졸업하고 직장을 구하지 못하자 운전을 배워 상주읍으로 혼자 올라와 영업용택시 스페어 기사를 하고 있다고 하였다. 휴일 전용 개인 운전기사로 채용하고 주말이나 공휴일에는 가족과 함께 관내 곳곳을 돌아다녔다. 주대경 검사의 가족과도 자주 같이 다녔고 상주를 떠난 후에도 오랫동안 친밀한 관계를 유지하고 있다. 그 개인 기사는 성실할 뿐만 아니라 운전실력도 좋았고 사교성도 있어 청의 직원들과도 친하게 지내게 되었다.

개인 운전기사를 채용한 후 몇 달 지나서 청의 나이 많은 운전기사가 밤에 잠을 자다가 돌연사하는 불상사가 발생하였다. 새로 운전기사를 채용하게 되었다. 서무계장을 책임자로 하는 위원회를 구성해 그 위원회에서 전권을 가지고 운전기사 채용 절차를 진행하라고 하였다. 검찰청에서 운전기사를 채용한다고 하자 지원자가 몰려들었다. 지방에서 검찰청 운전기사라고 하면 대단한 자리로 인식될 뿐 아니라 정년이 보장되는 정규직 공무원이므로 인기가 높았다. 나의 휴일 개인 운전기사도 지원하였다.

위원회에서 서류심사와 면접을 한 결과 그 기사가 1등이라는 보고를 받았다. 청와대 모 수석비서관실에서 운전기사로 일하던 사람도 지원하여 높은 곳에서 전화까지 왔다고 하였으나, 직원들은 높은 기관에서 근무하던 사람과는 같이 근무하기에 껄끄럽다고 하였다. 내 개인 주말 운전기사로 채용하였던 영업용택시 스페어 운전기사가 검찰청의 정규직원이 되었다. 동시에 상주군 내 관공서의 운전기사들로 조직된 모임의 회장까지 맡게 되었다. 그 기사는 상주경찰서 경찰관 집에서 자취를 하고 있었는데 검찰청 직원이 되자 그 집 주인이 여동생을 소개하여 결혼까지 시켜 주었다. 사람의 팔자가 그렇게 순식간에 바뀌는 일도 있다.

• 떠나간 군수

상주지청에 부임하여 보니 상주군 선거구(상주, 김천, 금릉을 합친 선거구)에서 당선된 여당인 민주정의당 소속 의원과 야당인 신한민주당 소속 의원의 알력이 아주 심하다고 하였다. 당시에는 한 지역구에서 2명의 의원을 선출하였는데 선거인(유권자)은 1명의 후보자에게만 투표하는 반면, 1,2위 후보자를 당선자로 하였으므로 여당에서 1명, 야당에서 1명 동반 당선되는 것이 전국적인 현상이었다. 그런데 상주군에서 주민들이 참석하는 큰 행사를 할 때 두 의원으로 인해 자주 소란이 일어난다고 하였다. 행사에 참석한 두 의원에게 예우상 축사를 할 기회를 주는데, 야당 의원은 정부 여당을 상대로 심하게 공격을 하는 반면 여당 의원은 방어하기에 급급하다고 했다. 그런 일을 몇 차례 겪은 여당 의원 측에서 상주군 행사에 국회의원을 초청하지 말던가, 의원이 참석하더라도 축사를 할 기회를 주지 말라고 강력하게 요구하였다고 한다. 그렇게 시행하였더니 야당 의원이 강하게 반발하면서 초청하지 않았는데도 참석하여 연단에 올라가 축사를 하여 소란이 일어나는 등 난처한 일이 계속된다는 것이었다.

상주군수는 경상북도에서 유능하기로 손꼽히는 사람이라고 알려져 있었다. 군수는 수시로 나를 찾아와 업무를 상의하고 애로사항을 이야기하곤 하였다. 어느 일요일 상주군 함창읍에서 읍면 대항 체육대회가 열리게 되어 있었다. 그 며칠 전 군수가 나에게 여당 의원 측에서 그 체육대회에 의원들을 초청하지 말라고 강하게 요구하였다고 하소연을 하면서, 그렇지만 대회의 성격상 의원들을 초청하지 않을 수 없어 일단 두 의원에게 초청장을 보냈다고 하였다. 체육대회가 열리는 일요일이 되었다.

그런데 이른 아침부터 가랑비가 솔솔 내리기 시작하였다. 체육대회를 진행하지 못할 정도의 비는 아니었다. 군수에게서 전화가 왔다. 여당 의원 측에서 비가 오고 있으니 체육대회를 취소하라고 강력히 요구한다고 하였다. 그러나 군수의 입장에서는 체육대회를 취소할 만큼의 강한 비가 아니고 이미 군내 각 읍면에서 선수단이 대회 장소로 속속 입장하고 있으니 지금 취소하고 돌아가라고 할 수 없어 그대로 진행을 할 계획이라고 했다. 비는 하루 종일 그렇게 부슬부슬 내렸다. 저녁에 체육대회를 마친 군수가 전화를 하여 식사를 함께 하자고 했다. 상주읍내 식당에서 마주 앉았다. 군수가 눈물을 글썽이면서 이야기했다. 자기가 오늘 날짜로 인사이동이 되어 도청의 한직으로 옮겨가고 새로운 군수가 내일 부임한다고 하였다. 여당 의원 측의 취소 요구를 들어주지 않고 체육대회를 강행하였는데 야당 의원이 참석하여 축사를 하였고 체육대회가 끝나자 곧바로 자신이 상주군수에서 경질되었다는 것이다. 다음날 조간신문 인사란에 이동 내용이 실렸고 신임 군수가 부임하였다. 군수는 그렇게 떠나갔다.

- 경상북도 국궁(國弓)협회장

상주지청 관할인 예천군은 궁도로 전국에 이름을 떨쳤다. 1978년경부터 세계양궁선수권대회, 아시아경기대회 등을 휩쓸고 1984년 LA 올림픽에서 여자양궁 개인전 금메달을 수상한 김진호를 비롯하여 많은 양궁선수를 배출한 고장이고, 우리나라의 전통 국궁(國弓)에서도 전국적으로 유명한 선수들의 출신지이며 활과 화살의 제작 명인도 배출한 고장이다. 그런 지역적인 연고로 나의 전전(前前) 지청장 때부터 상주지청장이 양궁협회와 별도의 경상북도 국궁(國弓)협회장을 맡아 왔다고 한다. 그래서 나도 상주지청장 부임과 동시에

3대 경상북도 국궁협회장에 취임하여 분기에 한 번씩 도내 각 시군을 순회하면서 시군대항 대회를 열었다.

취임하여 첫 번째 행사로 상주의 상무정(尚武亭)에서 도내 13개 시군의 170명 선수들이 참가한 가운데 협회장기 쟁탈 남녀궁도대회를 개최하였다. 협회장이 시사(始射)를 해야 한다고 해서 대회 전날 상무정에서 활 쏘는 연습을 했다. 사대(射臺)에서 과녁까지의 거리는 145m이고 과녁은 가로 2m, 세로 3m의 나무판이었다. 화살이 과녁의 아무 곳에나 맞으면 명중이었다. 과녁은 약간씩의 간격을 두고 3개가 세워져 있었다. 워낙 먼 거리이다 보니 사대와 과녁 사이에 골짜기가 있었다. 화살이 날아가 과녁에 꽂히는 것이 아니라 과녁을 맞고 튕겨 나가게 되므로 과녁이 있는 곳에 사람이 서 있다가 화살이 명중하면 깃발을 올려 흔들게 되어 있었다.

생전 처음 국궁을 잡아보는 것이므로 화살에 끈을 매달아 화살을 쏜 다음 끈을 잡아당겨 회수하여 그것을 다시 쏘는 방식으로 연습을 하였다. 연습을 여러 차례 한 다음 정식으로 쏘아보기로 하였다. 국궁협회 임직원들이 지켜보는 가운데 정식으로 사대에서 화살을 날렸다. 그때는 날이 이미 어두웠다. 화살이 날아가더니 "툭" 하고 과녁에 맞고 떨어지는 소리가 들렸다. 모두 환호성을 질렀다. 생전 처음 쏘는 화살이 명중하였으니 타고난 궁도협회장이라고 하였다. 그런데 골짜기 건너 과녁에 서 있던 사람이 소리를 질렀다. 3개의 과녁 중 내가 겨냥하였던 중간 과녁에 맞은 것이 아니고 그 오른편에 있는 다른 과녁에 맞았다는 것이다. 말하자면 '슬라이스'가 난 것이다. 내가 골프를 칠 때도 슬라이스를 잘 내는

것은 그때 비롯된 것이다. 해프닝으로 끝났지만 기분 좋은 하루였다. 8월 15일에는 내가 직접 참석하지는 못했지만 서울 황학정에서 열린 광복 40주년 기념 전국 궁도대회에서 경북 궁도 사상 처음으로 경상북도 팀이 단체우승을 차지하는 기염을 토했다.

• 무면허 침구사(편도선염)

나는 상주지청장으로 부임하기 몇 해 전부터 해마다 봄이 되면 심한 편도선염으로 고생을 하였다. 병원에 가서 치료를 받고 약을 복용해도 최소 10일 이상 심하게 앓았고 어떤 해에는 며칠씩 입원하기도 하였으며 다음 해 봄에는 반드시 재발하기를 반복했다. 봄에 상주지청장으로 부임하니 며칠 지나지 않아 또 편도선염이 발병하였다. 이번에도 아주 심했다. 할 수 없이 상주읍 내에서 가장 크고 원장이 상주지청의 소년선도위원으로 있는 병원에 입원하였다. 원장의 진찰을 받고 주사를 맞았으나 다음 날 아침이 되어도 전혀 차도가 없었다. 그때 상주지청 직원 한 명이 병원으로 찾아왔다. 그리고 나에게 긴히 할 이야기가 있다고 하였다. 상주읍 내에 침을 잘 놓는다고 알려진 사람이 있는데 특히 편도선염에 대해서는 하루 이틀만 침을 맞으면 틀림없이 완치된다고 하였다. 다만 한가지 문제는 그 사람이 한의사 면허가 없다는 것인데 지청장님이 무면허 한의사에게 침을 맞아도 괜찮겠느냐는 것이었다. 워낙 통증이 심하였고 침을 맞는다고 하여 부작용이 생길 일은 없어 보였으므로 같이 가 보자고 하였다.

몇 년 전 대구지검에 근무할 때 무면허 침구사를 구속하였다가 곤욕을 치렀던 일이 떠올랐다. 병원장 모르게 환자복을 평상복으로 갈아입고 직원과 함께 슬그머니 병원을 빠져나왔다. 읍내의 골목길을 이리저리 돌아서 간판도 없는 허름한 주택으로 들어가 무면허 침구사와 마주 앉았다. 그 직원이 내가 검찰지청장이라는 말을 하였는지의 여부는 알 수 없다. 나의 증세를 듣고 진찰을 하더니 오늘과 내일 두 차례만 침을 맞으면 완쾌될 수 있다고 하였다. 등을 깔고 누웠더니 가늘고 긴 침을 발등, 다리, 팔 등에 많이 꽂아 넣었다. 전혀 아프지는 않았다. 30분 동안 누워 있으라고 하여 누워 있다가 그곳을 나왔다.

그런데 일어나서 나오는 순간 벌써 몸이 가벼워지고 통증이 거의 사라진 것을 느꼈다. 병원에 돌아와 옷을 갈아입고 다시 누웠다. 그리고 그날 밤 아주 편안하게 잠을 잤다. 다음 날 아침 일어났더니 통증은 씻은 듯이 사라지고 몸이 날아갈 듯이 가벼웠다. 병원에 더 있을 필요가 없었다. 원장에게 이제 다 나았다고 하고 퇴원을 했다. 원장은 자기가 치료를 잘해서 다 나았다고 생각했을 것이다. 무면허 침구사에게도 다시 가지 않았다. 그로부터 40년이 가까워오는 지금까지 다시는 편도선염이 발병하지 않았다. 세상에 그런 무면허 침구사도 있다. 상주지청을 떠나고 나서 오래 지난 후에 문득 생각이 들어 상주지청에 그 침구사의 소식을 물었다. 몇 년 전에 무슨 암으로 사망하였다고 했다. 무면허 침구사는 자신만의 특정한 분야가 있고 그 이외의 분야는 못 고치나 보다. 뒤늦게 그분의 명복을 빈다.

• 천재 검사장

상주지청장 시절 대구지방검찰청의 검사장은 김기춘 검사장이었다. 당시에는 1년에 한 번씩 도(道) 단위로 도지사, 검사장, 교육감 등이 지역을 나누어 순회하면서 지역민들에게 안보정세보고회라는 것을 열었다. 경상북도 상주, 문경, 예천 지역을 김기춘 검사장이 맡아 2박3일간 지역순회 강연을 하게 되었다. 나는 그 기간 계속 김기춘 검사장을 수행하여 함께 다녔다. 그때 김기춘 검사장이 나를 놀라게 하였다. 상주, 문경, 예천군청에 하루씩 지역주민을 모아놓고 안보강연을 하는 것인데 그 강연에 빠짐없이 참석하는 사람은 나 한 사람뿐이고 다른 참석자들은 모두 바뀌게 되어 있다. 반면 강연의 주제는 안보의식 고취이므로 3번의 강연 모두 내용이 같을 수밖에 없다. 똑같은 이야기를 사흘 계속한다고 누가 무어라고 할 사람도 없다. 그런데 신기하였다. 김기춘 검사장은 똑같은 주제를 놓고 3번 모두 다른 예를 들어가며 다르게 말씀하셨다. 놀라웠다. 천재는 저렇구나 싶었다.

• 검찰 일지

지청장은 한 달에 한 번씩 검찰총장에게 관내상황보고를 해야 한다. 그 보고를 '감독보고'라고 한다. 관내의 특이사항과 아울러 관내를 다니면서 보고 느낀 점을 위주로 감독보고를 했다. 검찰에서 소년선도위원 제도를 운영하는데 따른 문제점도 보고하고, 법무부에서 주관하여 실시하는 '범죄 없는 마을' 선정 및 표창에 따른 문제점도 보고했다. 군 단위로 1년에 1회씩 범죄 없는 마을을 선정하여 표창하고 격려금도 전달하는데, 현지에 가 보면 범죄 없는 마을로 선정된 마을은 '범죄가 없을 수밖에 없는 마을'이었으므로, 과연 그러한 제도를 유지할 필요가 있는가 하는 내용이었다. 주민이래야 2~300명밖에 안 되고 대개가 씨족인데 무슨 범죄가 일어날 것인가? 어쩌다 범죄가 발생하더라도 범죄 없는 마을로 선정되기 위하여 동네사람들이 합심하여 암수화(暗數化, 저질러진 범죄가 알려지지 않도록 감추거나 감춰주는 행위)하려는 부작용이 있을 수 있지 않겠는가? 검찰이 국민에게 다가간다는 취지에서 그러한 행사를 하는 것이겠지만 그러한 행사에 들어가는 검찰력의 낭비를 검찰 본연의 임무인 사건수사에 쏟아야 할 것이 아닌가 하는 등의 내용이었다.

그해 8월 12일 일본항공(Japan Airlines) 123편이 도쿄의 하네다 공항을 출발하여 오사카의 이타미 공항으로 향하던 중 산악지대에 추락하여 승객과 승무원 524명 중 520명이 사망하는 대참사가 발생하였다. 이때 항공기가 추락하는 절체절명의 시간 동안 일부 승

객들이 사랑하는 이들에게 당시의 추락 상황과 작별인사를 담은 메모를 남긴 것이 사후 수습과정에서 발견되었다. 일본인들의 투철한 기록 습관은 전부터 널리 알려져 있었지만 죽음을 목전에 두고도 그와 같은 기록을 남겼다는 것에 세상 모든 사람들이 감동하였다.

우리나라도 조선시대는 기록의 시대였다. 조선왕조실록, 일성록, 승정원일기, 사초 등 세계에 자랑할 만한 기록유산들이 있다. 이를 본받아 지청장인 나부터 청에서 일어난 일을 매일 기록하여 역사에 남기자고 결심하고 매일 퇴근하기 전에 청에서 있었던 일, 중요사건 등을 일지(日誌)로 만들어 작성하기 시작하였다. 이것이 모이면 상주지청의 역사가 되고 전국의 일지를 모으면 검찰의 역사가 될 것이다. 이를 검찰일지(檢察日誌)라고 이름 붙여 총장에게 감독보고 사항의 하나로 보고하였다. 얼마 후 대검찰청에서 전국 각 검찰청에 검찰일지를 작성, 보관하라는 지시가 하달되었다. 그 후 서동권 검찰총장이 전국의 지청장 몇 명씩 불러서 하는 간담회에 참석한 후 대검 연구관들을 만났을 때 감독보고에 뭘 그렇게 많이 써 보내느냐고 은근히 불평하는 것을 들었다. 아마 검찰일지 작성은 얼마 지나지 않아 일선청에서 흐지부지되었을 것이다. 억지로 시켜서 하는 일이 오래 갈 수가 없다

• 우려가 현실로

상주지청장 1년이 지나 인사이동 철이 돌아왔다. 나는 지방검찰청의 부장검사로 가는 순번이었다. 서울이나 부산 같은 대도시의 부장으로 갈 순번은 되지 못하고 도청소재지인 지방검찰청 본청의

부장검사가 순서였다. 가장 바람직한 인사는 부장검사급인 법무부나 대검찰청의 과장으로 가는 길이었다. 대검찰청의 과장 중 하나이지만 내가 속으로 가장 기피하고 있는 자리가 있었다. 대검찰청 전산관리담당관이었다. 나는 공대가 적성에 맞지 않아 진로를 바꾸어 사법시험에 응시하여 합격한 사람이다. 그런데 인사권자들은 공대 출신에게 전산관리담당관이 적재적소라고 생각할 수 있을 것이다. 그 자리는 내 적성에 맞지 않는다고 누구에게 이야기할 수도 없었다. 우려는 현실이 되었다. 나를 떠나보내는 상주시의 인사들은 모두 나를 위로했다. 그렇게 열심히 일했는데 어떻게 전산관리담당관으로 가느냐고 하였다. 나를 도와 근무하며 열심히 일한 주대경 검사는 서울지방검찰청으로 발령되어 그나마 위안이 되었다.

나의 후임 지청장은 사법연수원 2기 후배인 이경재 검사가 오게 되었다. 공식 인계인수서류의 작성을 마친 후 대외비(對外秘)로 편지를 써서 봉함하여 사무과장에게 주고 신임 지청장 오시면 드리라고 하였다. 공식적인 문서로 남기기 어려운 관내의 특이사항과 중요인사(人士)들에 관한 사항 등 후임 지청장이 부임하면 바로 알아야 할 내용들이었다. 후일 이경재 검사는 그 대외비 편지가 많은 도움이 되었다고 하면서 어디에 가서도 전임자로부터 그러한 사적 인계 편지를 받아본 일이 없다고 고마워했다. 나도 물론 그러한 것을 받아 본 일이 없다.

대검찰청 전산관리담당관

(1986. 5. 6. - 1988. 8. 31.)

• 담당관의 직무

전산관리담당관은 대검찰청 총무부 소속이었다. 첫 번째 총무부장으로 모신 분은 김주한 검사장이었고 두 번째 모신 분은 김형표 검사장이었다. 모두 온화하고 아랫사람을 편안하게 해 주시는 분들이었다. 대검에 전산관리담당관이라는 직책이 생긴 지 오래되지 않았기에 나는 2대 전산관리담당관이었다. 담당관 아래에는 1명의 검찰연구관(검사)이 배치되어 나를 보좌하고 있었고, 검찰 일반직 직원 2명과 전산실장을 포함한 별정직(전산직) 직원 약 30명이 있었다.

전임 담당관 때 검찰의 사건부 등 기본적인 장부의 작성을 수작업에서 컴퓨터 작업으로 대체하는 프로그램을 만들어 일선에서 실무에 활용하고 있었으나 아직 수작업을 폐지하지는 않고 컴퓨터작업과 병행하고 있었다. 이중으로 장부 작성을 하고 있었던 것이다.

나는 컴퓨터에 대한 지식이 충분하지 못한 상태였으므로 담당관으로 발령받자, 컴퓨터로 박사학위를 받은 공대 친구를 만나 기본적인 설명을 듣고 참고서적을 추천받아 읽는 등 업무에 대비한 준비를 하였다.

담당관으로서 첫 번째 하게 된 일은 당시 컴퓨터와 수작업 2중으로 작성하고 있는 장부들에 대하여 기존의 수작업 장부를 완전히 폐지할 수 있는가에 대한 검토였다. 검토 결과 기존의 수작업 장부를 대체하기 위하여 개발·시행하고 있는 컴퓨터 프로그램이 완벽히 검증되었다는 확신이 서지 않을 뿐 아니라, 예기치 않은 불순분자의 파괴·방해 공작이라든가 정전사태 등에 대처할 수 있는 방안이 확실히 마련되어 있지 않다고 판단되기 때문에, 그에 대한 충분한 대비책이 확보될 때까지는 종래의 수작업 업무도 계속 유지하기로 결정하였다. 수작업을 폐지하고 컴퓨터로 완전히 대체하게 되는 것은 컴퓨터 자체의 기능과 보안 기술의 발전에 따라 내 후임 담당관 때에 이르러 시행하게 된다. 따라서 내 재임시에는 그때까지 짧은 기간 동안에 개발한 많은 프로그램들의 시행과정에서 발생하거나 알게 된 오류, 시행착오, 문제점 등을 취합하여 이를 시정하는 작업에 전념하였다.

나아가 프로그램들의 사용 매뉴얼이 전임 담당관 시절 제작되어 일선 검찰청에 배포되어 있었으나, 컴퓨터를 만지는 일 자체에 거부감을 가질 뿐 아니라 매뉴얼 상의 용어도 잘 이해하지 못하는 일선 검찰 직원들의 무관심 속에 방치되고 있었으므로, 각종 프로그램의 용도 및 사용방법에 대한 상세한 설명을 위한 비디오를 제작하여 검찰총장을 위시한 대검의 모든 간부진과 직원들이 참석한 가운데 시연회를 가진 후 그 비디오를 전국 일선 검찰청에 배포하였다.

• 직원들의 사기 진작

나는 사실 사기가 떨어진 상태로 전산관리담당관으로 부임하였지만 근무하면서 보니 내가 문제가 아니었다. 전산실 직원들은 업무의 특성상 다른 부서의 직원들과 별로 교류가 없기 때문에 검찰 내에서 소외감을 많이 느끼고 있다는 사실을 감지할 수 있었다. 검찰은 권력기관으로서 대표적인 업무는 범죄수사이고 전산업무는 그 지원업무라고 할 수 있다. 현업부서의 직원들이 지원부서의 직원들을 은근히 한 수 아래로 볼 수밖에 없는 조직이다. 나 자신은 일정기간이 지나면 전산업무에서 떠나게 되겠지만 전산실 직원들은 검찰에서 퇴직할 때까지 그 업무에만 종사하게 될 것이고 승진에도 한계가 있다.

전산실 직원들의 사기를 높이지 못하면 검찰의 전산업무는 발전할 길이 없다. 앞으로 과학수사의 중요성은 점점 커질 것이고 전산업무의 발전이 그 원동력이 되어야 할 것이다. 다른 부서의 직원들이 전산실 직원을 같은 조직의 일원으로 진정하게 대우하고 존중하게 되기까지는 상당한 시일이 걸릴 것이다. 그렇다면 내가 먼저 힘을 내어 직원들의 사기를 올려주어야 하겠다는 결심을 하게 되었다. 전산실 직원들은 대개 대학교에서 전산학과나 관련학과를 졸업한 사람들로서 첨단 과학기술을 다룬다는 자의식이 강한 사람들이었다. 직원들에게 전문적인 기술을 지도해 줄 능력은 없지만 기술 외적인 면에서 사기를 올려주기 위한 많은 시도를 했다. 전산실 직원 30여명 전원을 내 집에 초대하여 즐거운 시간을 가지기도 했다.

• 보람을 느낀 인사(人事)

재직 2년 이상 지나 정기인사가 가까워졌을 때 상부로부터 국회 법제사법위원회 전문위원으로 가지 않겠느냐는 의사타진을 받았다. 사실 기회가 오면 한번 해 보고 싶은 자리였다. 법제사법위원회 전문위원은 차관보급의 국회 별정직공무원으로서 현직 부장검사가 검사 사직원을 제출하고 국회의장의 임명을 받아서 가는 자리였다. 행정부 공무원에서 입법부 별정직 공무원으로 변동되기 때문에 파견근무가 아니라 행정부 공무원을 사직하고 입법부 수장으로부터 새로 임명장을 받는 것이다. 그리고 몇 년 근무하다가 국회에서 퇴직하면서 대통령으로부터 다시 검사로 임명을 받아 서울지방검찰청의 부장검사로 보직을 받아 복귀하는 것이 당시의 관례였다.

전임 법제사법위원회 최병국 전문위원은 검찰에 복귀하면서 서울지방검찰청 공안부장으로 임명되었다. 나는 그때까지 단 한 번도 나의 인사에 관하여 검찰 내부 인사이건 외부 인사이건 간에 부탁이나 의견제시를 한 일이 없이 가라면 가고 오라면 왔는데 전혀 기대하지 않았던 인사가 이루어졌다. 오래간만에 흐뭇했고 2년간 음지에서 고생한 보상을 받은 것 같았다. 법무부에 검사 사직서를 제출하고 국회에 가서 이치호 법제사법위원장을 만나 인사하고 김재순 국회의장으로부터 임명장을 받았다. 이치호 법제사법위원장은 나의 사법연수원 1기 선배로서 연수원을 1년 동안 같이 다닌 사이였다. 연세대학교 법대를 졸업하고 행정고시에 합격하여 경제기획원 사무관으로 근무하다가 뜻한 바 있어 사법시험에 도전하여 합격한 후 짧은 기간의 판사를 거쳐 국회의원이 되었고 법사위원장 당시에는 3선의 원로 의원이었다.

국회 법제사법위원회 전문위원

(1988. 9. 1. - 1991. 7. 31.)

• 상원 격(上院 格) 법제사회위원회

1987년 10월 29일 공포된 개정 헌법과 그에 따른 관련 법령의 개정에 의하여 17년 만에 부활된 소선거구제로 치러진 1988년 4월 26일의 제13대 국회의원 총선거에서 헌정사상 최초로 여당이 과반수를 차지하지 못하는 여소야대 국회가 구성되었다. 지역구와 비례대표를 합한 총 299석 중 여당인 민주정의당(노태우 대통령)이 125석, 평화민주당(김대중)이 70석, 통일민주당(김영삼)이 59석, 신민주공화당(김종필)이 35석, 군소정당과 무소속이 10석이었다. 5월 30일 개원과 더불어 여야는 사사건건 대립하는 가운데에서도 '헌법재판소법'을 제정하여 개정 헌법에 신설된 헌법재판소를 출범시킬 수 있었고, '국정감사 및 조사에 관한 법률'을 제정하였으며, 여야 합의로 선정한 37건의 법률의 개폐를 심의할 '민주발전을 위한 법률개폐특별위원'(이하 '법률개폐특위')를 구성하여 7월 8일부터 운영하고 있었다.

그런 상황에서 9월1일 법제사법위원회 전문위원으로 임명되었다. 국회의 상임위원회(당시 16개)와 특정한 안건을 심의하기 위하여 일정 기간 설치되는 특별위원회에는 차관보급의 별정직 전문위원이 1명씩 있어 위원회 소속 직원들을 지휘하고 위원회 의결안건을 사전검토하여 위원회에 보고하는 업무를 하고 있었다. 당시 법제사법위원회와 재무위원회를 제외한 14개 상임위원회 전문위원은 국회사무처의 직업 공무원 출신이었고, 법제사법위원회의 전문위원은 검찰의 부장검사 중에서, 재무위원회의 전문위원은 재무부의 차관보급 중에서 임명하였는데 두 부서 모두 전문성과 현장경험이 필요한 자리였기 때문으로 보인다. 그리고 필요에 따라 그때그때 설치되는 특별위원회의 전문위원은 관련 상임위원회의 전문위원이 겸임으로 임명되었다. 각 위원회의 전문위원 아래에는 2, 3명씩의 입법심의관(이사관 또는 부이사관)과 여러 명의 입법조사관(서기관 또는 사무관) 및 행정실장 등 행정업무를 처리하는 직원들이 있었다. 법제사법위원회의 입법심의관은 3명이었는데 그 중 2명은 국회사무처 직업공무원이었고 다른 1명은 법무부에서 파견된 검사였다. 그리고 입법조사관 중 1명은 법제처에서 파견된 서기관이었다. 법사위원회의 전문위원과 모든 직원은 법률개폐특위의 전문위원과 직원을 겸임하도록 임명되었다. 따라서 다른 상임위원회에 비하여 업무부담이 2배 이상 되었다.

법사위 전문위원 임명장을 받은 지 불과 9일만인 9월 10일 제13

대 국회 최초의 정기회가 개회되었다. 법제사법위원장은 민주정의당의 3선 이치호 의원이었고, 민주정의당의 간사는 경찰대학장 출신의 홍세기 의원, 평화민주당의 간사는 검사 출신의 조찬형 의원, 민주통일당의 간사는 강신옥 의원, 신민주공화당의 간사는 신오철 의원이었다. 평화민주당의 간사는 얼마 후 보다 투쟁적인 성격의 박상천 의원으로 교체된다. 법사위 위원의 총 인원은 16명이었는데 경찰 출신의 홍세기 의원을 제외한 모든 위원이 법조인이었다. 민주정의당의 강재섭 의원은 나와 사법연수원 동기였고, 다른 의원들은 모두 나의 법조 선배였다. 훌륭한 선배들을 많이 만났다.

국회의장은 전반기 2년은 김재순 의장이었고 후반기에는 박준규 의장이었다. 김재순 의장 때 의장이 각 위원회의 전문위원들을 초

청하여 함께 골프를 치는 행사를 한 일이 있는데, 의장과 같은 팀이 되어 여기저기 헤매는 나를 쫓아다니시면서 열성적으로 가르쳐 주신 기억이 새롭다(사진). 가르쳐 주시는 대로 치면 '그때는' 잘 맞았다. 골프연습장의 어떤 레슨 프로보다도 나았다.

법사위원회는 법사위 소관 고유 법안뿐만 아니라 다른 위원회의 의결을 거친 법률안에 대해서도 본회의에 올리기 전 체계·자구 심사권이 있다. 그래서 상원(上院)이라는 말이 나오는 것이다. 따라서 법사위원회에서 심의하는 법률안의 수(數)는 국회 본회의에서 처리하는 법률안의 총수(總數)에 법사위에서 부결된 안건을 더한 수(數)와 같다. 법사위원들이 제한된 기간에 그 모든 법률안을 일일이 사전 검토하는 것은 거의 불가능하므로, 전문위원의 검토보고는 법안심사에서 상당한 비중을 가진다. 심사대상 법률안은 소관 행정부처에 따라 3명의 심의관에게 나누어지고, 심의관들은 소속 입법조사관들과 함께 법안의 내용 및 형식과 문제점 여부 등을 검토하여, 전문위원에게 검토보고서의 초안을 작성, 제출하면 전문위원이 여러 사항을 종합하여 검토보고서를 완성한다.

법률안 검토보고는 위원회 회의가 열릴 때 첨예하게 대립하고 있는 여야의원들을 상대로 발표하는 것이므로, 법 논리와 상식에 맞아야 할 뿐 아니라 설득력이 있으면서도 균형감각을 갖추어야 한다. 편파적인 느낌을 주었다가는 그 자리에서 의원들로부터 호된 질책을 당하고 회의는 파행이 된다. 위원회가 열릴 무렵이 되면 각 행정부처의 실국장 등 고위 공무원들이 전문위원실과 심의관실에 줄을 서서 찾아와 소관 부처 법률안에 대한 협조를 당부하였다. 중요한 법률안일 경우에는 차관이 찾아오기도 하고 장관이 들르는 일도 있다.

전문위원의 검토보고는 전문위원의 고유 권한이자 의무이므로 다른 사람이 대신할 수 없어 전문위원 없이는 위원회가 개회될 수 없다. 위원장 유고 시에는 위원장이 지정하는 간사가 위원장의 직무를 대리할 수 있으므로, 위원장은 없어도 되지만 전문위원이 없으면 회의를 열 수 없는 것이다. 간혹 야당 측에서 개회를 못하도록 하기 위하여 의원 보좌관 등이 위원장실 앞에 진을 치고 앉아 위원장이 사무실 밖으로 나가지 못 하게 할 때도 있지만 위원장이 안에서 전화로 어떤 간사를 정하여 회의 진행을 위임하면 그 간사가 위원장의 직무대리를 하게 되므로 개회를 할 수 있게 된다. 이러한 법리를 알고 있는 보좌관 등이 전문위원실 앞에 진을 치고 전문위원을 못 나가게 하는 일도 있다. 화장실에 간다고 해도 따라다녔다. 그런 일을 몇 번 겪었지만 신체적 충돌이 일어난 일은 없었다.

• 법률개폐특위 위원들

법률개폐특위의 위원장은 민주정의당의 오유방 의원이었고 위원은 29명이었다. 대부분의 법사위원회 위원이 법률개폐특위 위원을 겸하여 법조인 출신 위원이 많았지만 비법조인 출신 위원도 그에 못지않게 많았다. 심사 대상 법률이 37건으로 한정되어 있었지만 국가보안법, 사회안전법, 집회 및 시위에 관한 법률, 농업협동조합법을 비롯한 각종 조합법 등, 한건 한건마다 오랜 기간 여야가 첨예하게 대립하여 온 안건들이다 보니 일반 안건에 비하여 처리가 몇 배나 더 힘들었다. 매 사건 소위원회를 구성하여 소위원회에서부터 언성을 높여 싸웠다. 소위는 대체로 여야 4당에서 1명씩 4명으로 구성되었는데 소위 위원장은 제일 많은 의석을 가진 민주정의당 소속 의원이 맡는 것이 일반적이었지만 다른 야당 의원이 맡는 경우도 간혹 있었다. 소위원회에는 전문위원과 해당 심의관도 배석하고 경우에 따라 행정부처 공무원이나 이해관계인도 참석했다. 다만 회의록은 작성하지 않는다.

한번은 소위원 간에 말다툼이 심해지더니 한 위원이 법조 선배이자 연배도 훨씬 높은 다른 위원에게 "이런 버르장머리 없이…"라고 큰 소리로 욕을 하는 일까지 벌어졌다. 순간 참석자 모두 숨을 죽였다. 재떨이가 날아가지 않을까 긴장되는 순간이었다. 그런데 얼굴이 굳어져 한동안 숨을 몰아쉬던 선배 위원이 대인(大人)의 면모를 보여주었다. 잠시의 침묵이 흐른 후 얼굴을 풀고 상대방의 모욕에 대하여 아무 대응도 하지 않고 법안에 대한 자신의 의견을 개진하기 시작하였다 존경스러웠다. 대구 출신 유수호 의원의 장남은 그 당시 판사였는데 사법연수원 시절 서울지방검찰청에서 시보를 할 때 내가 지도검사였다. 내 사무실에서 근무하였다. 그 사실을 알고 계신 유수호 의원은 사석에서는 나를 "선생님"이라고 불렀다. 미국에 유학을 간 그 판사의 동생이 경제학박사 학위를 받았는데 아주 똑똑하다고 그 당시 소문이 나 있었다. 유승민 전

(前) 의원이다. 유수호 의원은 보신탕을 아주 좋아해서 나를 비롯한 법사위 직원들을 데리고 가끔 보신탕집에 가셨다. 그럴 때면 나는 닭을 먹었다.

법률개폐특위에는 13대에 초선으로 들어온(사실 많은 의원이 초선이었다) 노무현 의원도 있었다. 회의장에서 마주칠 때는 나에게 항상 "선배님"이라고 하면서 인사를 하였다. 나와 나이가 같은데 내가 사법시험 선배라고 그렇게 부르는 것이다. 법률개폐특위에서는 특별히 눈에 띄게 활동하지는 않았는데 5공비리특별위원회의 청문회(약칭 '제5공화국 청문회')에서 일약 스타의원으로 떠오른다. 그렇지만 훗날 대통령이 되리라고 생각하는 사람은 없었다. 노무현 의원과 개인적인 친분은 없었지만 당시 노무현 의원에 대한 나의 인상은 끝없이 토론을 즐기는 감성이 풍부한 사람이라는 것이었다.

나의 대학 동창 중에 노무현 의원의 친구가 있었다. 김해의 진영중학교를 같이 입학했다고 한다. 1학년 때 내 동창이 1등을 했고 노무현이 2등을 했다고 한다. 그런데 2학년 때 노무현이 집안 형편이 어려워 1년간 휴학을 했다. 내 동창은 진영중학교를 1등으로 졸업한 후 부산의 경남고등학교를 거쳐 서울공대 기계공학과에 입학하였다. 노무현은 내 동창보다 1년 늦게 진영중학교를 1등으로 졸업하고 부산상고에 입학하여 졸업한 후 군 복무를 마치고 독학으로 사법시험에 합격하였고 판사와 변호사를 거쳐 국회의원이 되었다. 내 동창과 노무현은 친분을 계속 유지하고 있었다.

노무현 이야기를 자주 했다. 내 동창은 자신이 가진 기술로 중

소기업을 일으켜 잘 성장하고 있다가 1997년의 외환위기에 부도를 맞을 위기에 처했다. 그 동창의 이야기로는 당시 변호사를 하고 있던 친구 노무현을 찾아가 사정을 이야기했더니 바로 현금 5,000만 원을 주면서 이것으로 잘 해결하라고 했다고 한다. 갚으라는 말도 안 했고 이자 이야기도 물론 없었다고 한다. 중학교 1등과 2등 친구의 우정이다. 불행하게도 그 친구는 그 돈으로 기업을 살리지 못했고 노무현에 대한 마음의 부채를 안은 채 불귀의 객이 되었다. 노무현은 그 훨씬 전에 먼저 갔다. 그 친구가 노무현에게서 도움을 받았다는 이야기는 나에게만 한 것으로 안다. 자존심이 아주 강한 친구였다.

• 두 변호사의 소송 이야기

신오철 의원은 최초의 고시 3관왕으로 유명한 분이었다. 감사원의 전신인 심계원 검사관에서 시작하여 공직을 잠깐 거친 후 변호사로 활동하면서, 서울 도봉구에서 계속 국회의원에 입후보하여 3번 낙선하고 4번째 만에 당선되어 13대 국회에 들어온 분이다.

나하고 둘이 있게 되는 자리에서는 과거의 일화들을 많이 말씀해 주셨다. 가장 기억에 남는 이야기는 대한변호사협회장을 지내신 고(故) 이병린 변호사와 소송을 할 때의 일화이다. 신오철 의원이 오래전 변호사로서 대여금 청구소송의 피고를 대리한 일이 있는데 원고는 사망한 큰 사채업자의 상속인(유족)이었다고 한다. 사채업자가 사망 전 피고에게 아주 큰 금액의 돈을 대여한 일이 있는데 그 대여금을 변제받지 못한 상태에서 사망하였으므로 그 돈을 상속인에게 변제하라는 소송이었다고 한다. 원고 대리인이 이병린 변호사였다고 했다. 그런데 원고는 사망한 사채업자로부터 생전에 그와 같은 금액을 피고에게 빌려주었다는 말을 들었다고 주장만 할 뿐 아무런 서류상의 증거를 제출하지 못하였다고 한다. 피고는 돈을 빌린 사실을 부인하였고 원고가 증거를 제시하지 못하므로 그대로 변론종결이 되어 판결 선고만 남겨 놓았다고 한다. 선고결과는 당연히 피고 승소로 될 것이었다.

그런데 선고기일 며칠 전 이병린 변호사가 신오철 변호사에게 잠깐 와 달라고 하기에 지정된 장소인 기원(棋院)으로 찾아갔더니 바둑을 두고 있던 이병린 변호사가 신오철 변호사에게 읽어보라고 하면서 편지를 1통 주었다고 한다. 읽어보니 피고가 사채업자 사망 전 사채업자에게 보낸 편지였는데, 빌린 돈을 갚지 못하고 있어 미안하다는 말과 함께 언제까지 꼭 갚겠다는 내용이 쓰여 있었다고 한다. 원고는 그 편지의 존재를 모르고 있다가 얼마 전 유품을 정리하던 중 찾았다는 것이었다.

신오철 변호사는 그 편지를 읽고 눈앞이 아득해졌다고 한다. 원고가 변론재개 신청을 하여 법원에 그 편지를 증거로 제출하면 피고의 패소는 물론이고 그 동안 피고가 거짓말을 하였다는 것이 드러나 큰 망신을 당하게 될 것이었다. 신오철 변호사가 생각 끝에 이병린 변호사에게 "이 편지를 저에게 빌려주시면 제가 해결해 오겠습니다."라고 하였더니 이병린 변호사가 그렇게 하라고 하면서 편지를 선선히 신오철 변호사에게 주었다고 한다.

신오철 변호사가 그 편지를 가지고 사무실로 돌아와 피고를 불러 그 편지를 보여주고 거짓말을 한 것에 대하여 호되게 야단을 치자 피고가 무릎을 꿇고 거짓말을 한 것을 사과하였고, 신오철 변호사는 피고에게 그 대여금에 해당하는 금액을 5등분하여 지급일자를 순차적으로 달리한 약속어음 5매를 작성하게 한 후 다시 이병린 변호사를 찾아가 사과하고 그 어음을 모두 드렸다고 한다. 이병린 변호사는 수고했다고 하고서 그 어음 중 1매를 신오철 변호사에게 수고비라고 주고 1매는 자기가 성공보수로 가질 것이라고 하면서 이것으로 끝을 내겠다고 하였다고 한다. 그리고 원고의 소취하로 종결되었다는 것이다.

그 이야기를 듣고 나는 크게 감동했다. 이병린 변호사가 원고에게 결정적으로 유리한 단 하나뿐인 증거를 상대방 변호사에게 서슴없이 빌려주었다는 것이 상식적으로 있을 수 있는 일이 아니었다. 신오철 변호사가 빌려 간 그 편지를 피고가 찢어버리면 그 증거는 없어져 버리는 것이다. 당시는 현재와 같은 복사기가 없던 시절이라 이병린 변호사가 복사를 해 두었을 리는 없다. 그런 위험성을 당연히 알고 있을 것임에도 이를 빌려주었고 이를 빌린 신오철 변호사는 이병린 변호사의 신뢰를 저버리지 않았다. 옛날 변호사들은 그렇게 신사적으로 소송을 하였구나! 생각하니 부러웠다. '변호사'의 '사'자가 '선비 사(士)'자인 이유가 거기에 있구나 싶었다. 단 하나, 성공보수를 너무 많이 받은 것을 빼고는. 변호사 두 사람이 40%를 성공보수로 받지 않았는가?

법률개폐특위는 2년 동안 27회의 전체 위원회를 열어 심의 대

상 법률안 중 18건의 법률을 여야 전원 합의로 개정 또는 폐지하기로 의결하여 본회의에 부의하고 그 외는 소관 상임위원회로 이송한 후 1990년 7월18일 활동을 종료하였다. 농협 등 각종 조합의 지역조합장과 임원을 조합원이 직접 선거로 선출하게 된 것은 법률개폐특위의 작품이다. 그해 12월 '민주발전을 위한 법률개폐특별위원회' 명의로 그 동안의 법률안 심사 경과와 그 결실을 종합한 《법률안 심사자료집》을 발간하였다. 한편 법제사법위원회에서는 13대 국회 법사위에서 심사한 법률안의 체계(體系)·형식(形式)·자구(字句)의 심사사례집 발간 업무에 착수하였는데 나의 재임 중 마무리를 짓지 못하고 후임 이정수 전문위원 때에 가서 발간되었다.

• 날치기 통과 대비

13대 이전까지의 국회는 항상 여당이 절대다수였기 때문에 야당의 물리적 반대를 무릅쓰고 날치기 통과를 하는 일이 있었으나, 여소야대가 된 13대 국회에서는 날치기 통과가 사실상 어렵게 되었다. 그러나 간혹 야당 중 1개 당의 협조를 얻어 날치기 통과라도 해야 한다는 기류가 형성되는 경우가 있었다. 그렇게 날치기 통과가 일어날 수밖에 없겠구나 하는 상황까지 간 적은 몇 번 있었지만, 실제로 전문위원 3년 동안 날치기 통과는 한 번도 행해진 일이 없다. 전반기 이치호 위원장, 후반기 김중권 위원장의 중후한 인품과 탁월한 의사진행, 여야 모든 위원들의 협조 덕분이다. 위원장이 날치기 통과를 준비하라고 지시한 적은 없었지만 회의 진행 시 위원장을 보좌하는 전문위원의 입장에서 위원장이 날치기 통과를 꼭 해야만 할 경우에 대비한 준비를 해 놓지 않을 수는 없었다. 그래서 꼭 한번 정말로 날치기 통과가 이루어질 것으로 예측되었던 회의가 열리기로 되었을 때, 위원장이 날치기 통과를 할 경우 반드시 발언해야 할 내용을 최소한으로 간략하게 요약한 카드를 만들어 내 주머니에 넣어두었다. 날치기를 하게 될 때 즉시 꺼내서 위원장에게 드리려고 한 것이다.

> 성원이 되었으므로 제O차 법제사법위원회를 개의하겠습니다. 의사일정 제1항 OOO개정법률안을 상정합니다. 제안 설명과 전문위원의 검토보고는 유인물로 대체하고 의결을 하겠습니다. 찬성하시는 위원 거수해 주십시오. 반대하시는 위원 거수하십시오. 찬성 O분, 반대 O분으로 가결되었음을 선포합니다.
> 3타(땅땅땅)

위원장은 반자마자 재빨리 큰 소리로 읽어야 한다. '3타(打)'는 의사봉을 3번 치라는 의미이다. 혹시 의사봉을 빼앗기면 주먹이나 손바닥으로 책상을 3번 친다. 물론 의사봉을 치지 않더라도 회의의 효력에는 관계가 없으나 관례상 그렇게 한다. 카드 내용만 위원장이 읽고 회의록에 기재되면 형식상 그 회의가 무효라고는 할 수 없다. 그 카드를 내 주머니에 넣고 있다가 혼란 중에 혹시 빼앗길

지도 모르기 때문에 3장을 만들어 상의 양쪽 주머니와 오른쪽 바지 주머니에 넣고 있었다. 그렇게 준비를 하고 있었는데 그 직전 여야 합의가 극적으로 이루어져 실제로 사용할 필요가 없게 되었다. 카드를 준비하고 있다는 말은 위원장에게 하지 않았다. 그런 말을 미리 하였다가는 위원장에게 날치기 통과에 대한 용기를 내게 하지 않을까 염려되었기 때문이다. 그리고 국회 직원들은 물론 그 누구에게도 이 글을 쓰는 지금까지 밝힌 적이 없다. 1990년 1월 22일 3당 합당으로 여대야소로 변하게 됨으로써 더 이상 그런 걱정을 할 필요가 없게 되었다.

• 부활된 국정감사

개정 헌법에서 1972년에 폐지되었던 국회의 국정감사 제도가 부활되었다. 1988년 10월 5일부터 20일간 부활된 국정감사가 처음으

로 실시되었다. 국정감사의 대상기관 선정, 감사 일정, 증인과 참고인의 선정 및 소환 등 준비단계에서부터 눈코 뜰 새 없었다. 법사위는 소관기관이 많기 때문에 의욕적으로 129개 기관을 감사 대상으로 정하고 전국을 다니며 국정감사를 실시했다(사진 : 감사원 국정감사). 상급기관에 대한 감사를 실시할 때 그 산하기관도 함께 불러 감사를 했다. 청송보호감호소, 공주치료감호소의 내부 방실까지 들어가서 감사를 했고, 사회에서 소위 범털이라고 불리는 유명인들이 수감되어 있는 독실(獨室)과 10여 명이 수감되어 있는 방도 비교해 보았으며, 수감자 혼자 누우면 꼼짝하기도 어려운 징벌방도 보았다. 전문위원으로 근무하던 3년 동안 3번의 국정감사에 참여했다. 매년 국정감사를 할 필요가 없는 소규모 기관이 많아 1989년에는 27개 기관, 1990년에는 21개 기관으로 대상을 대폭 축소했다.

나의 친정이라고 할 수 있는 법무부, 대검찰청 및 각급 검찰청에 대한 국정감사를 할 때에는 곤혹스러울 때가 종종 있었다. 나는 형식상 검사를 사직하고 국회 전문위원으로 전직(轉職)하였지만 몇 년 있으면 검찰로 복귀할 사람이었다. 국회의 속성을 아는 법무부의 장차관, 국실장들은 국회에 올 때 국회 내에서의 전문위원 위상에 맞추어 나를 대우해 주었지만, 일선 검찰청의 간부들은 완전 아랫사람 취급하는 일이 자주 있었다. 아랫사람인 것이 사실이기는 하지만 법사위에 근무하는 국회 직원들에게는 자존심 문제였다. 다른 위원회 전문위원들은 관련 행정부처의 차관보, 기획관리실장과 완전 동급이고 실제로도 그렇게 대우를 받고 있으므로 법사위 전문위원도 그렇게 되어야 한다는 것이다.

그래서 국회에서는 법사위 전문위원도 국회의 직업공무원이 맡아야 한다는 주장이 계속 제기되고 있었다. 그런데 법사위원 대부분이 법조인인 현실에서 법조인이 아닌 사람이 전문위원이 되면 법사위원들로부터 신뢰를 받기 어렵다는 문제가 있어 변호사 자격이 있는 직업공무원이 없던 당시의 국회로서는 내부에서 법사위 전문위원을 기용하기가 어려웠던 것이다. 국정감사가 닥쳐오면 해당 검찰청의 간부들이 나에게 전화를 걸어 오늘 의원 몇 분이 참석하느냐, 점심식사는 어디서 어떻게 하느냐, 어떤 질문들이 나올 것이냐, 어떻게 대응을 하는 것이 좋으냐 등 계속 문의를 한다. 의원들의 참석인원은 회의가 열려 보아야 안다. 출석하겠다고 했다가 안 오는 경우가 비일비재하다. 각 의원실에 출석 여부를 문의하였을 때의 대답도 그대로 믿을 수 없고 또 언제 바뀔지도 모른다. 출석한다고 대답했다가 사정이 생겨서 출석하지 못하게 되었어도 알려 주는 일이 별로 없다. 그리고 위원회가 열리거나 국정감사를 하는 날에는 나는 물론 모든 법사위 직원들이 정신없이 바쁘다. 준비할 일은 산더미처럼 쌓여 있는데 전화벨은 계속 울리니 제때 전화를 받기도 어렵다. 위원장이 보자고 하는데 또 의원들도 찾는다.

그러니 법무부나 검찰의 간부들이 전화를 했는데 자리에 없어 못 받거나 전화를 받아도 즉답을 할 수 없는 경우도 많다. 그러면 "너는 검찰 사람이냐, 국회 사람이냐?" 하고 언성을 높이기도 한다.

그럴 때면 국회 직원들이 나를 위로하였다. 결국 내가 검찰로 복귀한 지 몇 년 후에 법사위 (수석)전문위원은 국회 직업공무원으로 보임되었다.

• 100일간 7kg 체중 감소

1988년 9월 10일에 개회된 정기국회는 100일의 회기를 마치고 12월18일 폐회하였다. 내 일생 가장 바쁜 기간이었다. 전국을 돌아다니는 국정감사 기간을 제외하더라도 집에 들어가지 못한 날이 들어간 날보다 많은 것 같다. 집에 들어가지 못한 날은 전문위원실에서 밤을 보냈다. 한밤중에 심의관, 조사관들이 들고 들어오는 보고서를 검토하고 수정하여 최종 검토보고서를 만들었다. 끊이지 않고 들어왔다. 잠시 사람이 눈에 안 뜨이면 눈을 감고 있다가 누가 들어오면 다시 눈을 뜨고 일을 해야 했다. 3일 동안 그렇게 사무실에서 밤을 새우고 4일째 집에 들어갔다가 그다음 날 출근하여 다시 연속 3일을 밤새운 일도 있다. 잠시 시간이 날 때는 의사당 앞에 있는 사우나에 갔다. 그렇게 100일을 마치고 폐회되었을 때 목욕탕에 가서 체중을 재어보니 100일 전보다 7kg이 줄어 있었다. 국회에 가기 전 체중이 83kg이었다. 아무리 줄이려고 노력해도 되지 않던 것이 불과 100일 만에 76kg이 된 것이다. 식사를 잘하지 못한 것도 아니다. 100일 동안 의원들을 따라 잘 먹고 다녔는데도 체중이 그렇게 줄었던 것이다.

• 위원장 두 분

2년간 이치호 위원장을 모시고 일했고 다음 1년간 김중권 위원장을 모시고 일했다. 힘들었지만 즐거운 시간이었다. 두 분 모두 훌륭한 분이었다. 훗날 이치호 위원장은 내게 전두환 대통령이 자신을 후계자로 점찍었었다고 이야기했다. 전(全)대통령이 각 도(道)에서 1명씩 민간 출신 의원을 선정해 모임을 만들어주고 정지작업을 했었다고 말했다. 그랬는데 군부의 극력 반대로 후계자는 노태우로 낙점되었고 그로 인해 결국 자신의 정치생명이 끝났다고 말했다. 이치호 위원장은 13대 의원 임기를 마친 후 몇 차례 더 국회의원 출마를 하였지만 뜻을 이루지 못하였고, '성공과 중단'이라는 제목의 자서전도 출간하면서 2012년 대통령선거에 출마할 뜻을 가지고 대구와 서울을 오가며 출마 준비를 하던 중 2010년 아직 한창나이에 유명을 달리하였다. 애석하였다. 대통령에 당선되기 위하여 출마하려는 것이 아니라 선거유세 과정에서 국민들에게 하고 싶은 말을 한없이 하기를 원해서 출마하려고 한다고 하였다. 김중권 위원장도 2002년 새천년민주당 대통령 후보 경선에 출마하였으나 노무현의 벽을 넘지 못하고 중도사퇴하고 말았다.

• 검찰 복귀와 법사모

법사위 전문위원을 한 지 3년이 되어갈 때 김중권 위원장에게 검찰로 돌아가겠다는 뜻을 말씀드렸다. 연수원 동기들이 다음 인사 때 서울지검 부장검사로 들어갈 차례가 되었으므로 합류할 시기가 되었다고 생각한 것이다. 다시금 검사(고등검찰관) 임명장을 받고 서울지검 특별수사제3부장검사의 보직을 받아 검찰로 복귀하게 된다. 국회에 근무한 3년, 특히 3당 합당 이전의 2년은 전쟁과도 같은 기간이었다. 힘들었지만 행복했고 즐거웠다. 그리고 적성에 맞았다. 의원들은 나를 가리켜 "법 없이는 못 살 사람"이라고 평했다.

함께 근무했던 법사위 직원들과는 단순한 동료의 차원을 넘어 전우애를 느꼈다. 그 동료들은 고명윤, 김기표(법제처에서 파견), 김대현, 김상빈, 김상현, 김옥철(검찰에서 파견), 김윤묵, 김인철, 김재규(법제처에서 파견), 민동기, 박봉국, 박출해, 송기철, 이동근, 이한길, 추호경(검찰에서 파견), 허영호 등이다. 검찰에 복귀한 후 법사위에 같이 근무했던 직원들과 '법사모'라는 모임을 만들었다. 법사위원회를 사랑하는 모임이라는 뜻이다. 분기마다 한 번씩 만나는 모임이 30년 이상 지속되고 있다. 모두 행정부와 입법부에서 차관급이나 1, 2급까지 승진했고 추호경, 김옥철은 변호사로 계속 일하고 있으며, 특히 보건학 박사인 추호경 변호사는 한국의료분쟁조정중재원의 초대 원장을 역임하였고, 이한길은 미국 변호사 자격을 취득하여 미국에서 변호사로 일하고 있다. 그리고 세월이 흐르다 보니 별세한 분들도 있다.

법사위 전문위원을 그만두고 검찰로 복귀한지 한참 후에 국회에서는 각 위원회에 1명씩 있던 차관보급 '전문위원'을 같은 차관보급 '수석전문위원'으로 명칭 변경하고, 2, 3급 심의관을 전문위원으로 변경하였다. 그리고 수석전문위원과 전문위원이 안건을 나누어

독자적으로 검토하고 위원회에서 각자 검토보고를 하도록 변경함으로써 종전 전문위원의 업무가 많이 경감되면서 수석전문위원이라고 높여 불러 위상이 한층 높아졌다. 반면에 그 전에 전문위원을 지낸 나 같은 사람은 1급에서 2,3급으로 강등이 된 느낌이다.

서울지방검찰청 부장검사

특별수사제3부장(1991. 8. 1. - 1992. 8. 5.)
강력부장(1992. 8. 6. - 1993. 3. 22.)

• 문서위조 수사

평검사의 마지막을 서울지검 특수1부에서 일하다가 떠난 후 6년 만에 다시 서울지검으로 돌아와 특별수사제3부장으로 근무하게 되니 감회가 새로웠다. 1989년 서초동에 검찰종합청사가 건립되어 새로운 청사에서 근무하게 되었다. 나와 함께 일한 특수3부 검사는 김우경, 권영석, 양종모, 김용 검사였다. 특수부는 경찰로부터 송치받은 사건이 아닌 스스로 인지(認知)하거나, 감사원, 대검찰청 등에서 이첩된 특히 중요한 사건을 처리하는 부서로서 3개부로 나누어져 있었지만 중대사건이나 규모가 큰 사건을 수사하게 될 때에는 합동으로 수사하는 일이 많았다.

특수1부 평검사였을 때에는 특수2부가 유령부(幽靈部)였으나 세월의 변화에 따라 특수2부도 정상화되어 있었다. 특수3부에서는 당시 사회적인 문제로 부각되고 있던 문서위조와 인장(印章)위조 사건 수사에 중점적으로 달려들었다. 인장위조는 육안으로는 거의 가려내기 어려울 정도의 수준에 와 있어 그 수법과 감식방법에 대하여 검사들 모두 깊은 연구를 하였고 위조범 수사에 많은 개가를 올렸다.

문서위조 수사는 문서의 필적 감정에 주로 의존하게 되는데 그와 관련하여 특히 기억에 남는 사건은 국립과학수사연구소 김00 문서감정관의 뇌물수수 사건이다. 특수3부와 특수1부가 합동 수사한 사건이다. 김00이 뇌물을 받고 허위감정을 하였다는 진정서가 접수되었다. 김00은 그 무렵 사회적으로 큰 관심을 불러일으키고 있던 소위 강기훈 유서대필 사건의 유서의 필적을 감정한 장본인이다. 그 유서의 필적이 강기훈의 필적이라고 감정한 사람이 바로 김00이었던 것이다. 김00의 그 필적감정이 허위라는 주장이 제기되고 있는 시점에서, 그 사건에 관련된 것은 아니지만 사건 관계자로부터 뇌물을 받고 감정을 하였다는 진정내용은 국민적 관심을 끌기에 충분하였고, 그래서 한 점 의혹 없는 철저한 수사를 위하여 형사부가 아닌 특수부에서, 그것도 2개 부가 합동하여 수사하게 된 것이다. 수사 결과 감정과 관련하여 사건 당사자들 여러 명으로부터 금품을 받은 사실을 밝혀내어 '특정범죄 가중처벌등에 관한 법률위반(뇌물)죄'로 구속기소 하였다.

그러나 돈을 받은 사실은 밝혀냈지만 허위로 감정한 일이 있다는 사실은 밝혀내지 못했다. 그 사건 수사를 하면서 알게 된 것은 편지나 유언장 등 문서의 위조여부에 대한 감정을 할 때에는 특징이 있는 포인트를 수십 군데 잡아 그것을 본인의 필적과 대조하여 70% 이상 동일하다고 판단되면 동일 필적으로, 40%-70%가 동일하면 판단불능으로, 동일한 것이 40% 이하이면 동일 필적이 아니라고 판정한다는 것이다. 수십 년 전에 들었던 이야기이므로 %의 숫자는 정확한 기억이 아닐 수도 있다. 그리고 현재는 감정방법이 많이 발전하였을 수도 있다. 그러나 어쨌든 당시의 감정방법에 따르면 주관이 많이 개입될 여지가 있는 일이었고, 자기의 주관대로 감정하였다고 주장하면 허위감정인지 또 허위감정의 고의가 있는지 단정하기 어려운 일이었다. 김00은 결국 특가법상의 뇌물죄만으로 징역형의 실형을 살고 출소하였다.

- 강력부의 업무 특성

특수3부장에 1년간 재직하고 강력부장으로 전보되었다. 사실 나는 강력부장의 체질은 아니다. 용모로나 성격으로나 어울려 보이지 않는다. 인사이동 직후 한 친구가 나에게 "네가 어떻게 강력부장을 갔냐?"하고 묻더니 스스로 답을 했다. "그렇지, 부드러운 것이 강한 것을 이긴다고 했지!" 서울지검 강력부는 1990년 '범죄와의 전쟁' 시기에 신설된 부서로 나는 4대째 부장이다. 나와 함께 일한 강력부 검사는 박성식, 정선태, 홍준표, 김홍일, 임철, 황인정, 손기호 7명이었다. 강력부의 소관 업무는 조직폭력과 마약사범이었고, 간혹 세간의 이목이 집중된 특별한 강력사건을 배당받아 처리하기도 하였다.

강력부장은 사무국의 강력과도 지휘하였는데, 강력과에는 검찰서

기관인 강력과장 및 검찰직원들과 더불어 마약사범 수사를 위하여 파견받은 보건사회부 직원들과 조직폭력사범 수사를 위하여 파견받은 경찰관들이 근무하였다. 검사실과 강력과를 합하여 강력부의 인력은 총99명으로 부(部) 단위 부서로서는 전국에서 가장 큰 조직이었다. 다루는 범죄의 성질상 수사 과정에서 가혹행위를 하는 일이 발생할까 항시 걱정이었다. 아무리 좋은 사건을 적발하여 처리하더라도 수사 과정에서의 불법으로 인하여 모든 성과가 무(無)로 돌아가고 오히려 질책을 받게 되는 일이 비일비재하기 때문이다.

당시 수사관들에게서 들은 이야기이다. 조직폭력배나 마약사범을 순순히 말로만 조사해서는 성과가 나오기 어렵고, 그렇다고 폭력을 쓸 수도 없기 때문에 간혹 아주 악질적인 피의자를 만나게 되면 바람을 쐬게 해 주겠다고 하고서 피의자의 눈을 안대 등으로 가려 앞이 안 보이게 한 다음, 그 사람의 팔짱을 끼고 강력부가 소재한 서울지방검찰청사 12층에서 계단을 걸어서 1층까지 내려갔다가 다시 12층까지 걸어 올라온다는 것이다. 피의자는 마치 지옥에 내려갔다가 올라오는 것처럼 느꼈을 것이다. 더구나 수사관들은 대체로 거구(巨軀)들이었다. 그러면 대다수는 자백을 한다고 하였다. 그것을 가리켜 고문이 아니라고 잡아떼기는 어렵겠지만 조직폭력배와 마약사범을 다루는 전쟁과도 같은 상황에서 그런 정도는 수사의 한 방법일 수도 있다는 생각에 말릴 수가 없었다. 각 검사들의 전문성을 고려하여 정선태, 손기호 검사는 마약사범 수사를, 그 외의 검사들은 조직폭력 사범을 담당하기로 했다.

• 슬롯머신 사건 수사

홍준표 검사는 전임지(前任地)인 광주지방검찰청에서 국제PJ파라는 폭력조직을 일망타진한 업적이 인정되어 특별히 강력부 요원으로 발탁되어 서울지검에 진입한 검사였는데, 조직폭력과 아울러 그 자금줄인 슬롯머신 등 사행성 업계의 비리 수사를 맡았다. 홍검사는 조직폭력배들의 보험사기 사건 등을 파헤쳐 성과를 올리는 일방 슬롯머신 업계의 대부격인 정덕진의 범죄 혐의를 잡기 위해, 수시로 간편한 복장으로 갈아입고 슬롯머신 업소를 돌아다니며 정보수집에 열을 올렸다. 청에 돌아와서는 나에게 그날의 성과를 세세하게 보고했다. 한편, 홍 검사가 정치에 뜻을 두고 있는 검사이므로 유의하라는 말도 여러 곳에서 들었다. 그러나 나는 홍검사의 정치적 관심에 대해서는 알 수 없었지만 수사의 진정성만은 전적으로 신뢰했다. 훗날 홍 검사가 정치를 시작하면서 출간한 《홍 검사 당신 지금 실수하는 거요》라는 제목의 책에 그 사건 수사에 대한 상세한 전말이 기록되어 있다.

• 살인죄로 구속된 경찰관

김홍일 검사는 경찰관이 애인을 살해하였다는 강력사건을 배당받았다. 조직폭력배가 관련되지 않은 일반 강력사건은 형사부에서 처리하는데, 그 사건은 피의자가 현직 경찰관이고 범행을 극구 부인하고 있어, 사회적으로 큰 파장을 일으키고 있었으므로 특별히 강력부 검사에게 배당한 것이다. 1992년 12월 어느 날 늦은 밤 서울 어느 파출소에 근무하는 김OO 순경이 애인과 함께 모텔에 숙박

하였는데, 다음 날 아침 늦은 시간이 되어도 퇴실을 하지 않아 모텔 주인이 잠겨 있는 방문을 마스터키로 열고 들어갔더니, 남자는 없고 여자 혼자 완전 나체 상태로 숨져 있었다는 것이다.

모텔에는 CCTV가 없었고 인근 도로에도 없었다. 남자, 여자 두 사람이 늦은 밤에 방을 하나 얻어 문을 잠그고 투숙하였는데, 아침에 보니 문은 잠겨 있었고 문을 열고 들어가 보자 남자는 없고 여자는 목이 졸려 죽어 있었으니, 남자가 용의선상에 오른 것은 너무나 당연한 일이었다. 다른 사람이 범인일 가능성은 전혀 없다고 본 경찰에서는 김00 순경을 범인으로 지목하고 신문(訊問)한 결과, 애인과 동침한 후 애인이 결혼을 하지 않겠으니 헤어지자고 하므로 화가 나서 목을 졸라 죽였다고 자백을 하였다는 것이다.

현직 경찰관이 자백을 하였으니 사건은 쉽게 끝나는가 하였는데, 김00 순경이 두 번째 신문에서부터 자백을 번복하고 부인하기 시작하여 세간의 이목을 끌게 되었다. 김00 순경은, 첫 번째 신문 때 자백을 하였던 것은 고문을 받아서 허위자백하지 않을 수 없었기 때문이라고 했다. 자기는 사건 당일 당번이었기 때문에 아침 일찍 출근해야 하므로 새벽에 일어났는데, 애인이 자고 있는 것을 보고 파출소로 가서 아침 근무를 마치고 다시 돌아올 생각으로 깨우지 않고 방문의 시정장치를 안에서 눌러 잠그고, 객실 열쇠를 가지고 방에서 나와서 모텔 프런트에 열쇠를 맡기려고 하였는데, 프런트에 아무도 없어 주머니에 넣어가지고 파출소로 갔다는 것이다. 그랬는데 파출소에서 일이 많아 모텔에 돌아오지 못한 사이에 그러한 일이 일어났다고 주장을 했다.

언론에서는 경찰이 경찰을 고문한 사건이라고 대서특필하고 있었다. 사건이 그렇게 흘러가다 보니, 일반 형사부에서 처리하는 것보다 강력부에서 철저히 수사하는 것이 좋겠다고 하여, 강력부의 김홍일 검사에게 배당되었던 것이다. 김홍일 검사가 열심히 수사하였으나 달라진 점은 없었다. 피의자는 계속 경찰에서 고문을 당하였다고 주장하고 수사한 경찰관은 이를 부인하였으며 고문하였다는 다른 증거는 찾을 수 없었다.

그러나 정황상 피의자가 아닌 다른 사람이 범행을 하였을 가능성은 전혀 없다고 판단할 수밖에 없었다. 피의자와 애인이 한 밤중에 투숙하였고, 모텔 주인이 아침 늦은 시각이 되도록 투숙객이 나오지 않기에 안에서 잠겨 있는 문을 마스터키로 열고 들어갔다가 죽어 있는 여자를 발견하였다는 사건으로서, 전혀 용의점을 찾을 수 없는 모텔 주인을 빼면 피의자 이외에는 범행을 할 사람이 있을 수 없었던 것이다. 다만 한 가지 미진한 점은, 피의자가 방에서 나올 때 열쇠를 주머니에 넣고 나왔는데, 나중에 보니 그 열쇠가 없어졌다고 진술하였고 결국 그 열쇠를 끝까지 찾지 못하였다는 점이다.

그런데 피의자로서는 그 열쇠를 자신이 가지고 있었던 것으로 인정되면 도저히 빠져나갈 길이 없으니까, 그 열쇠를 어디에 버리고 나서 분실하였다고 거짓말하는 것이라고 추측할 수 있었다. 그래서 김홍일 검사는 피의자 김OO 순경을 살인죄로 기소하였고 나는 이를 결재하였다. 피고인은 법정에서도 계속 범행을 부인하였으나 1심에서 유죄로 인정되어 징역10년의 형이 선고되었고 2심에서

항소, 기각되었으며 피고인의 상고로 대법원에 계류되었다. 모두 상고기각을 예상하고 있었고 기억에서 멀어져 가고 있었다.

세월은 흘러 내가 창원지방검찰청 진주지청장을 거쳐 서울지방검찰청 남부지청의 차장검사로 재직하고 있을 때였다. 신문에서 그 사건의 진범이 드러났다는 보도가 대서특필되었다. 어느 교도소인가 구치소엔가에 수감 중이던 어떤 사람이, 같은 감방 사람들과 이야기하던 중 자기가 전에 어떤 모텔 방에 들어가 잠자고 있는 여자를 죽인 일이 있다는 실토를 하였다는 것이다. 그 내용인즉, 자기가 어느 겨울날 새벽에 길을 가다가 열쇠 한 개가 떨어져 있기에 주워보니 모텔 이름과 호실이 적혀 있는 열쇠였는데, 들고 가다가 마침 길가에 그 모텔이 보이기에 들어갔더니, 카운터에 아무도 없어 호기심에 그 열쇠로 해당 호실 문을 열고 들어갔더니 젊은 여자 혼자 옷을 벗고 자고 있었다는 것이다. 그래서 정욕이 발동하여 강간하려고 하자, 여자가 잠에서 깨어 강력 저항하기에 베개로 얼굴을 눌러 질식시킨 후 방을 나와서 열쇠로 다시 문을 잠그고 모텔 밖으로 나왔다는 것이었다.

대법원 최종 판결을 기다리고 있는 김OO 순경 사건이 명백하였고 경찰에서 재수사를 한 끝에 그 수용자의 진술이 사실임을 확인하여 진범을 기소하였고 검찰은 김OO 순경에 대한 공소를 취소하였다. 결과적으로 검찰의 수사미진과 잘못된 판단이었음을 부정할 수는 없다. 김OO 순경이 가지고 나갔다고 진술한 열쇠의 행방을 찾지 못한 가운데 죄를 벗어나기 위하여 잃어버렸다고 거짓말을 하는 것이라고 단정한 것이 가장 큰 실수였다. 그러나 굳이 변명하자면 당시 열쇠를 찾지 못했다는 이유로 김OO 순경을 무혐의 또는 기소중지로 석방할 수 있는 상황은 아니었다. 그 일로 억울하게 구속되었다가 진범이 밝혀짐으로써 석방된 김OO씨가 그동안 그리고 그 후에도 얼마나 힘든 세월을 보냈을 지를 생각하면 미안함을 이루 다 말로 할 수 없다. 이 사건은 살인사건의 수사가 얼마나 어려운지 보여주는 단적인 사례이다. 내가 검사 퇴직 후 상명대학교 학생들에게 형법을 강의할 때 살인죄의 단골 강의 소재가 된다.

• 시한부 종말론 수사

황인정 검사는 당시 횡행하던 시한부 종말론을 종식시키기 위하여 온 힘을 기울였다. 시한부 종말론을 가장 강력하게 주장하던 목사 중 한 사람이 다미선교회의 이장림 목사였다. 이장림 목사는 1992년 10월 28일 세상의 종말이 오고 예수님이 재림하시어 구원을 받은 사람만 하늘로 올라가게 된다(휴거)고 주장하였다. 휴거되기 위해서는 자신을 믿어야 한다면서 교인들에게 헌금을 유도하였다. 많은 사람들이 구원을 받기 위하여 직장과 가정을 떠나 돈을 바치고 다미선교회에 빠져들었다. 사회가 아주 혼란스러워졌다. 이상림 목사가 말하는 휴거일이 오기 전에 목사의 거짓 행태를 밝혀 목사를 구속하고 휴거일이 무사히 지나가게 하는 것이 강력부의 목적이었다.

황인정 검사는 이장림 목사의 비리 증거를 찾기 위하여 허름한 작업복에 벙거지를 쓰고 손수레(리어커)를 끌고 매일 이장림 목사의 집 근처를 배회하였다. 이장림 목사의 집을 출입하는 사람들을 확인하는 한편 집 밖에 놓여 있는 쓰레기통을 매일 뒤져서 조그마한 단서라도 찾으려고 하였다. 그러던 어느 날 뒤진 쓰레기통에서 범죄의 단서를 발견하고, 이를 근거로 이장림 목사의 자택을 압수수색 한 결과 신도들이 다미선교회와 이장림 목사 개인에게 헌금한 내역이 기록된 장부들이 나왔고 침대 밑에서는 숨겨 둔 미화(美貨)가 발견되었다. 천만 원 이상 헌금한 신도만 30여 명이었고 일부는 전 재산을 헌납하였으며 금액의 합계가 34억원에 달했다. 그리고 침대 밑에 숨겨 놓았던 미화는 26,700불(弗)이었다.

목사는 1992년 10월 28일 세상의 종말이 오고 휴거가 일어난다는 것을 확신하고 한 일이기 때문에 교인들로부터 헌금을 받은 것이 사기가 아니라고 변명하였으나, 헌금 받은 돈의 일부로 그다음 해인 1993년 5월 22일에 만기가 되는 환매채를 사들여 보유하고 있었다는 사실이 확인되었다. 자신도 휴거를 믿지 않거나 확신하지 않고 있었다는 유력한 증거가 아닐 수 없었다. 휴거예정일 약1개월을 앞둔 1992년 9월 25일 '특정경제범죄가중처벌법'상의 사기, '외국환관리법' 위반죄로 이장림 목사를 구속할 수 있었다. 10월 28일 전 국민이 밤을 새우며 주시하고, 모든 방송이 다미선교회에서 현장 중계를 하는 가운데 신도들이 열광적으로 예수님을 부르고 있었으나 자정까지 세상의 종말은 오지 않았고 예수님도 재림하시지 않았다. 그리고 다음 날 아침 내일의 태양이 다시 떠올랐다. 그렇게 시한부 종말론은 막을 내렸다. 국민들의 불안을 잠재우고 기독교계의 이단을 몰아낸 황인정 검사에게 감사하며 찬사를 보낸다. 훈장을 받아 마땅한 황인정 검사는 그러나 그 후의 인사에서 보상을 전혀 받지 못했다. 나의 잘못이다. 내가 잘되었어야 황 검사도 잘 되었을 것이다.

• 6개월 만의 전보(轉補)

강력부장검사 6개월 만에 창원지방검찰청 진주지청장으로 전보 발령이 났다. 김영삼 대통령의 취임에 따라 큰 폭으로 행해진 인사였다. 홍준표 검사의 슬롯머신 관련 내사가 무르익어갈 무렵 떠나게 되었다. 홍준표 검사가 그 사건으로 나라를 진동시키는 것을 진주지청장으로 있으면서 지켜보게 된다.

김홍일 검사는 부천에 소재한 사이비종교 영생교의 교주 조희성을 내사하고 있었다. 영생교에서는 단순히 신도들로부터 금품만 뜯어온 것이 아니라 탈회하려고 하는 신도 중 일부가 행방불명되어 그 안에서 살해된 것이 아닌가 하는 의심을 받고 있는 완전한 사이비 종교집단이었다. 김홍일 검사의 내사에 따라 조희성이 변호사까지 선임하여 대응하고 있는 상태에서 내가 떠나게 됨으로써 역시 사건의 마무리를 보지 못하게 되었다. 조희성이 구속 기소되고 교단 내 공지에서 여러 명의 사체가 발굴되었다는 결과를 진주에서 듣게 된다.

진주지청장으로 갈 때 법무부에서 결원이었던 부장검사 1명을 보충하여 주었다. 나중에 법무부장관을 지내게 되는 권재진 검사이다.

창원지방검찰청 진주지청장

(1993. 3. 23. ~ 1993. 9. 23.)

• 진주로 가는 길

진주로 가는 길은 멀고 멀었다. 예부터 '진주라 천 리 길'이라는 말이 있지 않았던가? 그러나 같은 먼 거리라도 '부산이라 천 리 길', '목포라 천 리 길'이라는 말은 없다. 진주는 거리에 상관없이 오고 가는 길이 훨씬 멀게 느껴진다는 뜻일 것이다. 유명한 곳이 었지만 태어나서 처음 가보는 곳이었다.

취임하기 전날 아내가 승용차를 운전하여 진주로 향했다. 경부고속도로 대구 톨게이트에서 빠져나와 국도로 가다가 현풍에 이르렀을 때 고갯마루에 있는 휴게소에 진주지청 배상열 사무과장이 차를 가지고 마중 나와 있었다. 초행길이라 쉬엄쉬엄 가다 보니 이미 어둠이 깔리고 있었다. 사무과장은 요직인 서울지방검찰청 강력부장을 지낸 분이 지청장으로 오게 되어 지역사회에서 모두 기뻐한다고 하였다. 사무과장의 차가 앞장을 서고 아내와 나는 그 차를 따라 다시 진주로 향했다. 본격적인 지리산 자락의 산길이었다. 나는 그때까지 지리산에 올라 본 일이 없었다. 깜깜한 밤에 함양, 산청을 지나 진양을 거쳐 진주로 들어섰다. 가는 길에 어느 휴게소인가에서 저녁식사를 했다. 어디가 어디인지도 모르고 길가에 나타나는 도로표지판을 보고 어느 곳인가를 짐작했다. 사무과장의 안내로 지청장 관사로 들어갔다. 그리고 다음 날 취임식을 했다.

진주는 일제 강점기인 1925년 시민들의 강렬한 반대를 무릅쓰고 야밤에 부산으로 도청을 이전하기 전까지 경상남도 도청소재지였던 유서 깊은 도시로, 임진왜란 때 김시민과 논개(전라북도 장수 출신)를 비롯한 수천 명의 목숨을 바친 충렬의 고장이며, 우리나라 불교계의 두 큰 어른 고(故) 청담스님과 성철스님의 출신지이다. 한 분은 진주농고, 한 분은 진주고등학교를 나왔다. 나는 청담 대종사로부터 도연(道然)이라는 법호를, 아내는 성철 조계종 종정으로부터 원묘심(圓妙心)이라는 법호를 받은 인연이 있다.

또한 진주는 많은 문인, 화백과 서예가를 배출한 문화의 고장이다. 박생강 화백은 진주의 자랑이었다. 지역 유지(有志)나 유명 한정식집에는 박 화백의 그림이 걸려 있는 곳이 많았다. 전헤 내려오는 이야기로는 오래전 어떤 지청장이 지역 유지의 집에 초대받아 가서 벽에 걸려 있는 박 화백의 그림을 보고 그 앞에 서서 계속 "참, 그림 좋은데"라고 감탄하면서 자리를 떠나지 않아 할 수 없이 지역 유지가 다음 날 지청장에게 선물로 그 그림을 보냈다는 이야기가 돌아다니고 있었다. 공직자로서 할 일이 아니었지만 지어

낸 이야기는 아닌 것 같았다.

서예가로는 서부 경남의 명필 은초(隱樵) 정명수(鄭命壽) 선생이 계셨다. 10여 년 전 대구지방검찰청에 근무할 때 이기태 선배 검사가 입에 침이 마르도록 말씀하신 분이다. 연세가 많아 진주 시내에는 못 내려오신다고 하여 상면하지는 못했지만, 장남이 시내에서 서예학원을 하고 있어 퇴근 후 자주 들러 하루 1시간 정도씩 서예를 배웠다. 그때마다 권재진 부장검사가 동행을 했다. 6개월 만에 진주를 뜨게 되어 더 이상 서예를 배우지 못하였고 정명수 선생도 직접 만나지 못한 것이 아쉽다.

진주지청은 관할구역이 넓어 경상남도 진주시, 삼천포시(후에 사천군과 합하여 사천시가 됨), 진양군(후에 진주시로 통합), 남해군, 하동군, 사천군, 산청군, 의령군을 포괄한다. 북쪽으로 지리산에서 남쪽으로 남해바다 다도해까지, 동쪽으로는 곽재우 의병장의 의령에서 서쪽으로는 화개마을로 유명한 하동에 이르기까지 그야말로 산과 바다를 두루 품고 있는 천혜의 자연경관을 갖춘 곳이었다. 그리고 당시의 법무부장관 김두희(산청), 직전 법무부장관 박희태(남해), 그 직전 법무부장관 이정우(진주), 전 검찰총장 정구영(하동)의 출신지가 모두 진주지청 관할이었다. 또한 진주지청 관내에서 우리나라의 재벌을 일군 분들이 모두 태어났다. 삼성 이병철 회장, 효성 조홍제 회장, LG 구인회 회장 등 모두 진주, 의령 출신이다. 인구가 많아 사건 수는 많았으나 중요한 사건은 별로 없었다. 느닷없이 관내에서 세상을 떠들썩하게 할 만한 대형 사건이 발생하지 않는 한 지청장이 수사의 전면에 나설 일은 없을 것이고, 권재진 부장과 6명의 검사는 모두 믿음직했다.

• 의문의 사천(泗川) 출신 사업가

부임하고 얼마 되지 않았을 때 부산지방검찰청 제1차장검사로 계시는 선배 검사의 전화를 받았다. 내가 진주지청장으로 내려갈 때 부산지검 제1차장으로 내려가신 분이다. 자기가 부산에 내려와서 만나게 된 사람 중 진주지청 관내인 사천(泗川) 출신으로 사천에서 사업을 하다가 부산으로 와서 건설업을 하면서 격투기 종목 부산연맹의 회장도 하는 분이 있는데, 고향에서 근무하는 진주지청장에게 인사를 드리겠다고 한다고 하였다. 특별한 용건이 있는 것은 아니라고 하였다. 오면 만나보겠다고 대답은 하였으나 직감적으로 무언가 찜찜한 생각이 들었다.

그래서 정문 경비실에 지시 하였다. 며칠 내로 부산지검 차장검사의 소개로 지청장을 만나겠다고 오는 사람이 있을 터인데 그 사람의 주민등록증을 달라고 하여 인적사항을 기재하여 놓고 올려 보내라고 하였다. 과연 2~3일 안에 그 사람이 왔다. 특별한 용건은 없었고 고향이 사천으로서 고향에서 사업을 하다가 사업을 키워 부산으로 가서 하고 있는데 앞으로 고향을 위하여 많은 일을 하고 싶다는 등의 말을 하였다. 그 사람이 떠난 후에 경비실에서 적어 놓은 그 사람의 인적사항을 수사과장에게 주고 어떤 사람인지 확인해서 보고하라고 하였다.

얼마 안 되어 보고가 올라왔다. 사천에서 유흥업소를 하다가 여러 번 단속에 걸려 벌금을 받은 전력이 있고, 그 후 부산으로 옮겨 사업을 하던 중 또 몇 번 처벌을 받았으며, 특히 1~2년 전에 부산지검에서 뇌물공여죄로 불구속기소 되었는데 피고인 불출석으로 공판이 열리지 않고 있는 상태라는 것이었다. 내 예감이 들어맞았다. 부산에 새로 부임한 선배 차장검사는 기소되어 있는데도 도망 다니면서 공판에 출석하지 않고 있는 피고인인 것도 모르고 만나고 있었던 것이다. 선배에게 전화하여 내가 확인한 사실을 상세히 설명하였다. 정말로 고맙다고 하였다. 부산으로 내려와 아는 사람의 소개로 믿고 몇 번 만났는데 그런 줄 정말 몰랐다고 하였다. 큰일 날 뻔하였다고 몇 번이나 거듭 말했다. 강직하기로 널리 알려진 분이었다. 그 후 여러 요직을 거쳤지만 아쉽게도 일찍 돌아가셨다.

• 진주에서의 즐거운 생활

나는 관사에서 혼자 생활하면서 격주로 주말에 서울 집으로 올라갔다가 내려왔다. 서울에 올라가지 않는 주말에는 아내가 진주로 내려와서 지내다 갔다. 비행기로 왕복하였다. 사천비행장에서 진주로 가는 길가에 세계에서 가장 크다는 5층 건물의 보신탕집이 있었다. 세계에서 가장 크다는 근거는 우리나라에서 가장 큰 보신탕집이므로 당연히 세계에서 가장 클 수밖에 없을 것이라고 했다. 맛도 좋다고 하여 전국에서 관광 겸 많은 사람들이 찾아왔으나 나는 한 번도 가 본 일이 없다.

진주에 머물고 있는 주말, 특별히 할 일이 없을 때에는 아내와 함께 관내의 주요 명승지와 관광지를 돌아다녔다. 좋은 곳이 너무 많았다. 진주 시내, 하동 쌍계사, 화개장터, 남해 보리암, 삼천포, 사천, 모든 곳이 좋았다. 서울에서 고등학교, 대학교 친구들이 내려올 때는 아내도 차를 가지고 내려와서 지리산과 남쪽 바닷가를 함께 다녔다. 진주는 물론이고 남해, 삼천포에서 맛본 생선회의 맛은 정말 일품이었다. 그 맛과 비교가 되어 그 후 서울에 올라가서는 한동안 생선회를 먹지 못했을 정도였다. 서울지검 특수3부장을 할 때의 검사들이 찾아왔을 때는 함께 지리산 법계사에서 하룻밤을 자고 다음 날 해발 1915m의 천왕봉에 올랐다.

잘 지내고 있던 중 김영삼 대통령의 문민정부에서 처음으로 실시한 공직자 재산등록의 여파로 불과 6개월 만에 인사이동이 있게 되었다. 지역의 일부 인사들이 지청장 유임(留任) 운동을 하겠다고 하였다. 법무부와 검찰 전·현직 수뇌부들의 출신지이므로 그분들과 연(緣)이 닿는 분들도 많았다. 나도 지역에 정이 들었지만 그 인사에서 빠지고 유임이 되면 앞으로 계속 뒤처지게 될 염려가 있었다. 고맙지만 정중히 만류하였다. 서울지방검찰청 남부지청 차장검사로 발령받아 1년에 2번 이삿짐을 싸게 된다.

차장검사

서울지검 남부지청 차장(1993. 9. 24. ‑ 1994. 9. 22.)
부산지검 제1차장(1994. 9. 23. ‑ 1995. 9. 26.)

• 차장검사의 역할

 서울지방검찰청 남부지청은 서울 시내 지청 중에서 인구와 사건 수가 가장 많고 본청 못지않게 중요한 사건을 많이 처리하는 청이었다. 검사의 인원도 전국 본·지청을 통틀어 6번째로 많았다. 서울 동부, 남부, 북부, 서부 4개 지청의 차장검사가 모두 연수원 동기로 채워졌다. 동남북서라는 지청 간의 서열은 청의 규모나 중요도 순이 아니고 개청 일자 순이다. 동부와 남부는 같은 날 개청했다. 사법시험 2기 선배가 지청장이었고 3개의 형사부와 1개의 특별수사부가 있었다. 차장검사는 구속사건, 불구속사건, 진정·내사 사건 등 모든 사건을 사안의 중요도와 각 검사의 특성 및 능력을 고려하여 배당을 하고, 지청장에게 올릴 특히 중요한 사건을 제외하고는 검사들의 결정에 대하여 전결(專決)을 한다. 그래서 차장검사는 각 검사의 성장(成長)에 중요한 역할을 한다. 어떤 청의 회식 자리에서 한 검사가 술기운을 빌려 차장검사에게 "왜 저에게는 업절폭(업무상과실치사상=교통사고, 절도, 폭력) 사건만 주십니까?" 하고 투정을 부린 일이 있다는 이야기가 전해 내려온다.

• 서운한 인사

남부지청 차장검사 1년을 지내고 다시 인사철이 되었다. 윗자리가 많이 비어서 동기들 모두 인사 대상이 되었다. 나는 부산지방검찰청 제1차장검사로 발령을 받았다. 동기들 여럿이 서울지방검찰청 차장 등 중요 보직을 받았기 때문에 나에게는 서운한 인사였다. 많은 사람들이 위로를 하였고, 사표를 내면 안 된다고 지레 걱정을 하는 사람까지 있었다. 그렇지만 부산지검 1차장검사가 얼마나 중요한 자리인데 사표를 내기야 하겠는가!

같은 인사에서 부산지검 검사장으로 가게 된 분은 김태정 대검찰청 중앙수사부장이었다. 광주고등학교, 서울법대 출신이었다. 서울지검 검사장으로 가는 분은 최영광 법무부 검찰국장이었다. 경기고등학교, 서울법대 출신이었다. 사법시험 동기인 최영광 검사장에 밀려 부산으로 내려온 김태정 검사장은 역시 불만이었다. 경기고등학교 출신에 대하여 좋은 감정을 가지고 있지 않을 것이 분명한 김태정 검사장을 모시고 일을 하게 된 것이 약간 걱정되기도 하였다. 그렇지만 지낼수록 좋은 분이었다. 친형님 같은 포근한 느낌을 주는 분이었다. 술을 많이 하지도 않고 취하도록 마시지도 않는 분이지만 자주 술자리를 가지며 솔직한 심정을 터놓고 이야기하였다. 나와 둘이서 또는 제2차장검사인 송광수를 합하여 3명이 자주 어울렸다. 지방의 검사장, 차장검사가 사적(私的)으로 누구와 어울려 다니겠는가? 김태정 검사장은 아랫사람이 윗사람에게 의리를 지켜야 할 뿐 아니라 윗사람도 아랫사람에게 의리를 지켜야 한다는 말을 자주 했다.

어느 날 부산지검에 출입하는 한 신문사의 기자가 나에게 "김태정 검사장을 감시하라고 위에서 채 차장을 부산으로 보낸 것이라는 말이 있는데 사실입니까?"하고 물었다. 깜짝 놀랐다. 전혀 생각지도 못한 말이었다. 아니라고 펄쩍 뛰었지만 꺼림칙한 생각을 떨쳐버릴 수 없었다. 그래서 김태정 검사장과 단 둘이 저녁식사를 하는 기회에 "이러이러한 말이 돌고 있다는데 들으셨습니까?"하고 단도직입적으로 물었다. "나도 들었다"고 솔직히 대답하셨다. 그래서 "특별한 임무를 맡기려면 기분 좋은 보직을 주면서 보낼 것이지 서운한 자리로 보내면서 중대한 임무를 줄 리가 있겠습니까?"하고 물었다. "그건 그렇다"고 하셨다. 의심은 풀린 것 같았다. 그 해 연말 김태정 검사장의 상신으로 홍조근정훈장을 받았다.

부산 근무 1년이 지나 다시 인사철이 되었다. 김태정 검사장은 대검찰청 차장검사를 희망하고 있었다. 검찰의 2인자로 요직 중 요직인 자리다. 검사의 인사에도 큰 영향력을 행사할 수 있는 자리였다. 서울지검 최영광 검사장과 2라운드 째 다투고 있었다. 그런데 김태정 검사장은 기대하던 대검찰청 차장검사가 되지 못하고 법무부차관으로 발령을 받았다. 법무부차관은 대검차장보다 덜 선호하는 자리이고 검사 인사에 미치는 영향력도 훨씬 작다. 최영광 검사장은 법무연수원장으로 발령이 났다. 두 분 다 그 자리에 가지 못했다. 김태정 검사장은 실의를 애써 감추면서 부산을 떠났다.

• 회복된 인사

연수원 동기들에 대한 인사가 바로 뒤를 이었다. 2명이 먼저 검사장 자리에 올랐다. 부산 출신 1명, 호남 출신 1명이었다. 나는 서울지방검찰청 북부지청장으로 보임되었다. 만족했다. 부산지검 제1차장검사로 내려온 인사의 서운함을 떨쳐버릴 수 있었다. 검사장 승진 0순위라고 일컬어지는 서울지방검찰청의 4개 지청장이 모두 동기생으로 채워졌다. 검사장 승진 때 자리가 부족하면 그다음 해에라도 꼭 승진시키는 것이 10년 이상 된 관례였다. 법무부장관은 대법관 출신 안우만 장관이었고, 김기수 검찰총장이 새로 취임하였다.

서울지검 북부지청장에서 퇴직까지

서울지검 북부지청장(1995. 9. 27. - 1997. 8. 26.)
서울고등검찰청 검사(1997. 8. 27. - 1998. 3. 30.)
명예퇴직(1998. 3. 31.)

• 15년 만에 지청장으로

성북지청으로 불리던 시절 3년 가까이 평검사로 근무하다가 떠났던 곳을 15년 만에 지청장이 되어 돌아왔다. 차장검사로는 김영진 검사가 왔고, 부장검사가 5명, 검사는 30명이었다. 관할은 서울특별시의 동북부 6개 구(區)였다. 35년 만에 부활된 지방자치단체장 직선제에 의하여 선출된 민선 구청장들이 3개월 전부터 근무하고 있었다. 북부지청은 개청한 지 20년이 넘고 지역이 계속 발전하고 있어 검사 및 직원의 정원이 2배 이상 늘어나 청사가 계속 확장되어 왔는데, 더 이상 건물 신축 부지가 없어 지청장 재임 후반기에는 새로운 청사 부지를 물색하는 일에 집중하게 되었다. 재임 중 부지를 확정하지는 못하였고 후보지 3곳을 물색해 놓고 떠났다. 그 후 2004년 서울북부지방검찰청으로 승격된 다음 부지가 확정되고 2010년 신청사로 이전하게 된다.

• 총장의 친구라고?

부임하고 며칠 되지 않아 검찰총장의 친구라고 하는 분이 인사를 드리러 왔다고 한다기에 누군지 알 수는 없었으나 만나보기로 했다. 나이가 꽤 들고 젊잖아 보이는 분이었다. 명함에 어떤 회사의 회장이라고 적혀 있었는데 내가 알지 못하는 회사였으나 소재지는 북부지청 관할이었다. 현 검찰총장의 고려대학교 법과대학 동기라고 하면서 이 이야기 저 이야기를 하였다. 주로 자기와 검찰총장과의 친분관계를 이야기하였다. 그 회사가 특별히 문제 될 일은 없는 회사로 보였으므로 이야기를 들어주고 돌려보냈다.

얼마 후 다시 찾아왔다. 또 검찰총장과의 친분을 들먹이면서 존칭이나 직함을 쓰지 않고 이름을 마구 불러대며 이야기를 하는 것이었다. 내가 재직하는 조직의 총수이자 이 나라의 검찰총장 이름을 마구 부르는 것을 참을 수 없어, "아무리 친구 사이라고 하더라도 이 나라의 검찰총장이고 내가 모시는 분인데 그렇게 이름만 함부로 불러서야 되겠느냐"고 질책을 하여 그 말투를 바로 잡았다.

그 사람이 돌아간 후에 무언가 이상하다는 생각이 들기 시작하였다. 나를 찾아오는 이유를 확인하여야 할 필요가 있었다. 경비실에 그 사람이 다시 찾아오면 주민등록증을 보자고 하여 복사를 해두라고 지시하였다. 얼마 후 다시 그 사람이 찾아왔다. 이야기를 하던 중 나에게 북부지청장으로 오기 전에 어떤 직책에 있었느냐고 물었다. 부산지검 제1차장검사로 있다가 왔다고 하였더니 반색을 하면서 그러면 다음에 부산지검 검사장으로 가야 하지 않겠느냐고 하고, 자기가 검찰총장에게 이야기를 해 주겠다고 하였다. 이 사람이 가짜구나 하는 것을 직감하였다. 북부지청장에서 검사장으로 가기는 하지만 부산지검장은 검사장 중에서 서열이 상당히 높기 때문에 검사장을 몇 번 거쳐야 갈 수 있는 자리이다. 이 사람은 검찰 조직에 대하여 아주 어두운 사람이다. 그러니까 검찰총장과 가까운 사람일 수가 없다.

일단 돌려보내고 고려대학교 동창회 명부를 입수하여 찾아보니 법과대학 졸업생 명단에 그 사람 이름은 없었다. 그래서 총장 비서관에게 전화를 하여 그 사람의 이름을 말하고 총장께 그런 동창이 있는지, 아니면 아는 사람이기는 한지 여쭈어보아 달라고 하였다. 그리고 수위실에서 복사해둔 그 사람의 주민등록증 사진을 총장 비서관에게 보냈다. 총장 비서관에게서 연락이 왔다. 총장님은 그런 동창도 없고 사진과 같은 사람을 알지도 못한다고 하셨다는 것이다.

그렇다면 그 사람은 무언가 사건이 있거나 사건과 관련되어 있어 나에게 드나들었다고 볼 수밖에 없었다. 그런데 지금까지 사건 이야기는 한 번도 한 일이 없다. 청탁을 하기 위한 사전 작업을 하고 있는 것이다. 수사과에 그 사람의 명함을 주고 전과가 있는지, 현재 수사 중인 사건이 있는지 확인하라고 하였다. 확인한 결과 아무것도 나타나지 않는다고 하였다. 그러면 그 사람의 명함에 기재된 회사 또는 임직원이 수사를 받고 있는 사건이 있는지 확인하라고 하였다. 보고를 받아보니 그 회사의 대표이사가 경찰에서 수사를 받아 불구속으로 송치되어 있었고 법인도 양벌규정으로 입건되어 있었다. 그 사건의 청탁을 할 준비 작업으로 신분을 속이고 나를 찾아왔던 것이 확실했다.

그 사람의 주민등록증에 나와 있는 주소로 즉시 수사관을 보냈고 수사관들이 경상북도 어느 지방에 내려가 있는 그 사람을 검거해 왔다. 수사 결과 그 회사의 사장이 검찰총장의 친구라는 말에 속아 그 사람에게 사건의 처리를 부탁하였고 금품도 건네준 상태였다. 지금까지 나를 방문하러 올 때에는 사장이 차를 운전하여 와서 주차장에서 기다리고 있었다는 사실도 알게 되었다. 그 사람과 회사 사장 모두 구속기소 하였다. 총장에게 보고하였고 보안에 특히 유의하여 언론에는 보도되지 않도록 하였다.

• 북부지청장 유임

지청장으로 온 지 1년이 되었다. 통상 해마다 그 무렵이면 검사장 승진 인사가 있고 그에 따라 전국의 차장검사, 부장검사들이 연쇄 승진 및 이동을 하는 것이 관례였다. 그런데 그해에는 검사장 결원이 한 명도 없었다. 검찰총장의 임기가 2년인데 총장이 취임한 지 1년이 되도록 검사장에서 퇴직하는 분이 없었기 때문이다. 검사장 승진 인사를 할 수 없게 되자 법무부에서는 서울 시내 지청장 중 2명은 유임시키고, 2명의 지청장을 서울고등검찰청 검사로 발령을 내면서, 서울지검 차장검사 2명을 서울 시내 지청장으로 전보하는 인사를 하였다. 서울 시내 지청장이 서울고검 검사로 발령이 난 것은 아주 예외적인 일이었다. 북부지청장인 나와 동부지청장이 유임되었다. 새로 오는 서울 시내 지청장 2명도 연수원 동기였다. 주위에서는 서울 시내 지청장직을 유지하였으니 1년 후 총장의 임기만료로 검사장 자리가 많이 생길 때 틀림없이 검사장 승진이 될 것이라고 축하해 주었다.

그러나 공직자의 운명은 결정적인 시기의 인사권자가 누가 되느냐에 따라 달라지게 된다. 얼마 후 개각에서 안우만 장관이 물러나고 변호사 개업을 하고 있던 최상엽 전 대검찰청 차장검사가 장관으로 취임하였다. 그런데 장관이 외부에서 임명되었으므로 검찰에 인사 요인이 생긴 것은 아니었다. 그렇게 몇 달이 지났다. 그러다가 김영삼 대통령 아들 김현철을 검찰에서 수사하게 되었고 결국 김현철은 구속되었다. 그 여파로 최상엽 장관은 취임 후 불과 몇 달 만에 단 1명의 검사 인사도 하지 못하고 사직하였고 김기수 검찰총장도 임기 만료를 불과 한 달 남겨두고 사퇴하였다. 수뇌부 두 분이 퇴진한 자리에 장관으로는 김종구 서울고등검찰청 검사장이, 검찰총장으로는 김태정 법무부 차관이 임명되었다. 이에 따라 일부 검사장이 용퇴하여 검사장 6자리가 공석이 되었으며 뒤이어 검사장 승진 인사가 있게 되었다.

· 명예퇴직

승진대상자 반열에 올라 있는 사람들은 서울 시내 지청장 4명과 서울지검 차장 1명, 서울 시내 지청장을 하다가 작년 인사에 서울고등검찰청 검사로 이동한 2명을 합한 7명이었다. 모두 연수원 동기였다. 6자리 공석에 동기 7명이 경합하게 된 것이다. 처음에는 별로 걱정을 하지 않고 있었는데 인사 발표가 다가올수록 이상한 분위기가 느껴졌다. 상식적으로 생각해서 검사장 승진자가 내정되면 인사권자 또는 인사에 관여한 사람 중 누군가가 미리 귀띔을 해줄 터인데 발표가 임박하였는데도 어디에서도 전화가 오지 않았다.

발표 당일 라디오에서 발표를 들었다. 동기 중 5명과 부천지청장으로 가 있던 앞 기수 1명이 승진을 했다. 부천지청장은 의외였다. 그 자리에서 퇴직할 것으로 많은 사람들이 생각하고 있었기 때문이다. 동기에서는 서울고검에 가 있던 2명이 모두 승진을 했고 시내 지청장 4명 중 2명과 서울지검 차장 1명이 승진을 했다. 나는 경악했다. 승진대상에 올라 있던 동기 중 2명이 탈락하는데 거기에 들어간 것이다. 검찰 인사에서 맞은 최대의 좌절이었다. 부천지청장은 TK 출신이었다. 후보에 오른 동기 7명 중에 TK 출신은 없었다. 반면 동기에는 경기고등학교 출신이 2명, 호남 출신이 2명 있었는데 1명씩 올라가고 1명씩 탈락했다.

인사 발표 직후 총장에게서 전화가 왔다. '가만히' 있으라고 하였다. 사표를 제출하지 말라는 의미이다. 후속 인사에서 나와 서부지청장 S검사는 서울고등검찰청 검사로 전보되었다. 검찰을 떠날 때가 되지 않았는가 하고 깊이 생각하였으나, 검사로 24년간 재직하면서 비교적 순탄한 길을 걸어왔는데 마지막에 마음에 안 드는 인사를 당했다고 바로 사표를 던지는 것은 고위공직자로서의 바른 태도가 아니라고 생각되었다. 아직 후배 기수가 검사장 승진을 한 것은 아니지 않은가? 나와 S검사는 함께 서울고검으로 부임하여 정식 직제에도 없는 형사부장과 송무부장이라는 직함을 받고 코앞에 닥친 이회창씨와 김대중 씨가 맞붙은 12월 대통령 선거를 기다리는 처지가 되었다. 김대중 씨가 대통령으로 당선되었다. 신임 대통령 취임 후 광주고등학교 출신의 박상천 의원이 법무부장관으로 취임하였고 김태정 검찰총장은 임기 2년이 아직 많이 남았으므로 그 자리를 지켰다. 광주고등학교 출신 S검사는 검사장으로 승진하였고 나머지 공석이 된 검사장 자리는 다음 기수로 넘어갔다. 나는 이제는 검찰에 남아 있을 필요가 없게 되었다고 생각하고 사직서를 제출했다. 만 51세, 정년이 한참 남아 명예퇴직이 되었다. 서울고검에서 명예퇴임식을 해 주겠다고 하였으나 사양하였다. 퇴임식 자리에서 억지로 대범한 척할 마음이 내키지 않았다. 아무 말 없이 떠나 제2의 인생을 시작하기로 했다.

• 총장 복무 방침

사람의 운명은 모르는 것이다. 특히 관운은 더욱 알 수가 없다. 수필잡지 '에세이문학 2024년 봄'호에 실린 '정아경' 작가의 '부처도 힘든 세상'이라는 수필에 이런 구절이 있다. '부처도 힘든 세상이다. 쌈닭처럼 싸우지 않으면 자기 몫을 챙기지 못하고, 으르릉대며 소리를 질러야 돌아본다.' 퇴직을 하게 되자 많은 분들이 위로의 말을 해 주셨다. 가장 나의 가슴을 울린 말은 오래전에 상사(上司)로 모셨던 분의 전화기 너머 비분강개한 말씀이다. "우리나라에서 '사람'을 하나 버렸구나!" 24년 9개월의 공직생활은 그렇게 끝났다.

  서울공대 친구들은 20여 년이 지난 지금까지도 나에게 공대 출신이기에 인사에서 불이익을 받지 않았느냐고 가끔 묻는다. 아주 그렇지 않다고는 할 수 없겠지만 나는 아니라고 대답한다. 나의 복(福)과 운(運)이 거기까지였을 것이라고 대답한다. 그리고 어느 정도의 불이익은 감수할 각오를 해야 하지 않았겠는가? 또 공대를 졸업한 후 전공을 살려 학계나 산업계로 나갔으면 더 좋지 않았겠느냐고 하는 친구들도 많다. 그 역시 아니라고 대답한다. 나에게는 기술입국(技術立國)에 기여할만한 전문지식과 능력이 부족하다는 것을 잘 알고 있다. 판사를 했으면 좋지 않았겠느냐고 하는 사람들도 있다. 그렇게 생각할 수도 있겠지만 나는 처음부터 판사는 생각이 없었고, 또 만일 판사가 되었더라면 지금의 아내를 만나지 못했을 것이다. 초임 검사 시절 같은 방에서 근무하던 선배 검사의 친구가 중매하였기 때문이다.

  검찰에 근무하는 동안 검찰총장이 새로 취임하면 '총장복무방침'이라는 것을 정하여 각 청에 내려 보냈다. 지금도 그러는지는 모르겠다. 내가 가지고 있는 자료를 보면 역대 검찰총장들의 총장복무 방침은, '순리 소신 겸허'(김석휘 총장), '선진검찰상 구현'(서동권 총장), '정도를 걷는 검찰'(이종남 총장), '성숙한 검찰'(정구영 총장), '국민의 검찰'(김두희 총장), '명예로운 검찰'(김도언 총장), '신뢰받는 검찰'(김기수 총장) 등이다. 1980년대 중반 무렵 만일 나에게 '총장복무방침'을 지으라고 하면 어떻게 지을까 곰곰이 생각하였다. 그리고 이렇게 지었다.

> 질서 있는 사회
> 정의로운 검찰

나는 우리나라가 질서 있는 사회가 되기를 꿈꾸었고 그렇게 되기 위하여서는 검찰이 정의로워야 한다고 믿었다. 그렇다고 내가 검찰총장이 되려는 꿈을 가졌었다는 말은 아니다. 우리나라에서 공과대학 나온 사람을 검찰총장을 시킬 리가 없을 것이다. 검찰을 떠난 지 올해로 26년이 지났고 장차 검찰의 조직과 업무가 어떻게 변화할지 알 수 없으나 기본적인 사명은 변하지 않을 것이다. 후배들 중 누군가가 내가 생각했던 총장복무방침을 실현해 줄 때가 오기를 기원하면서 내 생애 반세기의 회고담을 마친다.

화보

아내 정성혜와 함께

부 채중이

모 이성봉, 아내 정성혜, 장남 채지용,
장녀 채지윤, 차남 채지탁

아내 정성혜(왼쪽)

어머니와 함께

약혼식

아내 대학 졸업식

외조부 이교담(왼쪽)과 애국 동지 임치정 선생

외조모 곽도라

외숙부 이승태

아내와 삼 남매 어릴 적 모습

오대산 상원사 적멸보궁 이흥철 법주와 룸비니 회원들(원주지청 시절)

상주지청장 관사 이흥철 법주, 홍석현, 권남혁과 지용, 지윤, 지탁

고등학교 동창 (고)조영래 변호사, (고)이홍훈 대법관 모습이 보인다.

고등학교 동창 모임

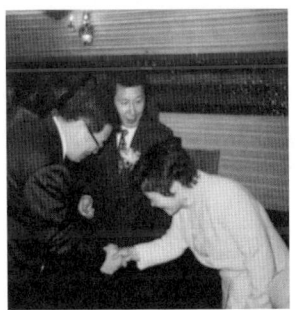

고등학교 동창 김근태 전(前) 의원 부부

사법연수원 시절

미국 미시간대학교 로스쿨 졸업식에서 전춘택 박사 가족과 함께

미국 미시간주 새기노(Saginaw) 박명광 교수와

국회의장 신년하례

법제사법위원회 법무부 친선 골프

법사위원장 4당 간사들과 도미니카 공화국 사법제도 시찰 및 대법원장 예방.
駐도미니카 대사(맨 오른쪽)

채지용, 고민정, 손녀 채수아
채지윤, 이상현, 외손 이장규, 외손녀 이규빈
채지탁, 박수연, 손자 채은찬

이모(왼쪽), 어머니(오른쪽), 외숙모 민순기, 외사촌 이정원